Barbara Stewen

Fremde Schwester

Kriminalroman

Ruhrkrimi-Verlag

Bibliografische Information der Deutschen Nationalbibliothek:
Die Deutsche Nationalbibliothek verzeichnet diese Publikation in der Deutschen Nationalbibliografie; detaillierte bibliografische Daten sind im Internet über http://dnb.dnb.de abrufbar.

Druck: BoD Norderstedt

ISBN 978-3-947848-56-0
1. Auflage 2023

Auch als E-Book mit der **ISBN 978-3-947848-57-7** erhältlich.

Disclaimer:

Alle Personen und Namen innerhalb dieses Buches sind frei erfunden. Ähnlichkeiten mit lebenden Personen sind zufällig und nicht beabsichtigt.

www.Ruhrkrimi.de

Barbara Stewen wurde in Litauen geboren und wuchs in Westfalen auf.

Sie war Krankenschwester im In- und Ausland und Kriminalbeamtin im Ruhrgebiet. Sie erlernte Maltechnik bei dem Surrealisten Arnold Krause (1948 - 1987) und besuchte Seminare bei Markus Lüpertz. Ausstellungen im In- und Ausland folgten, so im Sommer 2021 im Regierungspräsidium in Köln.

Die Kunst und das Schreiben füllen neben der Familie einen Teil ihres Lebens aus.

Buchveröffentlichungen:
Fuchsteufelsmord, Ruhrpott-Krimi, 2019 Scylla Verlag
Der Puppenmörder, 2021 Ruhrkrimi-Verlag

Vom Bleiben und Schwinden
Lyrik und Prosa Bergischer Autoren
2018, Heider Verlag, Bergisch Gladbach

Ein Engel, so gut wie auch schön.
Eine Liebe im Kriegsjahr 1793
Biografie Königin Luise von Preußen
2013 im E. Humbert Verlag, Bodenheim.

Zahlreiche Lesungen eigener Kurzgeschichten folgten, in der Goethe Gesellschaft Bergisch Gladbach, dem ILC, Internationaler Lyzeum Club Köln e.V., im Rahmen der Kölner Literaturtage des VS, auf Literaturabenden der Art Factory, Köln, in Buchgeschäften und im Rahmen ›Offener Ateliers‹.

Barbara Stewen ist Mitglied im VS Schriftstellerverband Köln, in den Künstlerverbänden GEDOK Köln, BBK Bonn-Rhein-Sieg und im Arbeitskreis der Künstler Bergisch Gladbach.

In diesem Kriminalroman ermittelt die Sonderermittlerin Elisa Fuchs erneut mit Kriminalhauptkommissar Max Teufel.

Inhalt

PERSONEN DER HANDLUNG

Sonderermittlerin Elisa Fuchs und **Hauptkommissar Max Teufel.** Ein starkes Team, sie kommen sich und dem Tod sehr nahe.

Hauptkommissar Bernd Brinkhues, genannt BB oder ›Löwe von Münster‹, fährt sich gerne mit den Fingern durch seinen dichten Haarschopf.

Oberkommissar Karl Kalthöner, genannt KK, ist Brinkhues Stellvertreter, putzt stets seine Brille und hat somit den Durchblick.

Kriminalkommissar Heinrich Nachtigäller singt nicht und bleibt stets auf der Spur.

Tim Flaßkamp, Kommissar Anwärter, spielt gerne Theater und ist ein wissbegieriges Plappermaul.

Susi Potthoff, Kommissarin, genannt Spusi Susi.

Colonel Geofferey Vernon, Military Reiter, ist angeblich nie in England angekommen.

Constantin Fuchs besucht Elisa und verursacht einen Herzkasper.

Klaus Ratzke war Gefangenenaufseher und hat ein verhängnisvolles Vermächtnis hinterlassen.

Kevin Ratzke war oft allein ›zu Haus‹ und ist auf die schiefe Bahn geraten. Er liebt Waffen und das Spiel mit dem Feuer.

Alwin Stöcker und **Elena Gutzke** arbeiteten während Elisas Kindheit auf dem Gut.

Prolog

Weiß wie Elfenbein schimmert ein Handgelenk,
das völlig verdreht neben dem Skelett liegt
und durch den grellen Lichtstrahl der Tatortlampe
kurz aufleuchtet. *Ist das beim Sturz in die Tiefe geschehen,
oder haben die Ratten sich die Knochen zum Fraß herangezogen,*
fragt sich Elisa.

Nacht

Samstag, 13. September 1952

Düster wölbt sich der Nachthimmel über dem jahrhundertealten Gehöft. Nur ein schmaler Streifen giftigen Gelbschimmers erhellt den Horizont.

Blitze durchtrennen die Septembernacht nach der schwülen Hitze des Herbsttages. Sie beleuchten für Sekunden drei mächtige Eichen, die den westfälischen Bauernhof, seine Stallungen und Scheunen umsäumen.

Ächzend wiegen sich die mächtigen Baumkronen im Sturm, als das Krachen eines Donnerschlags die tiefschwarze Wolkenschicht zerreißt. Für Sekunden erhellen bizarre Blitzschläge die Finsternis, bilden Lichtbögen und zuckende Raster zwischen Himmel und Erde.

Verschrecktes Wiehern von unruhigen Pferden aus den Stallungen. Das Schlagen von Hufen auf dem steinigen Boden. Pfeilschnell schießt Hofhund Hektor mit rasselnder Kette erst kläffend, dann mit einem eigenartigen wehen Heulen aus seiner Holzhütte.

Im dunkelsten Winkel der Scheune beobachten grün schillernde Augen des Katers, genannt Zeus, den Schatten eines Menschen. Die Blicke der Katze folgen ihm wie Nadelstiche, als er in geduckter Haltung, sich immer wieder umsehend, über das Pflaster der Hofeinfahrt schleicht, bis hin zur alten Remise.

Knarzend dreht sich jetzt ein Schlüssel im rostigen Kastenschloss. Kater Zeus maunzt, macht einen Katzenbuckel, duckt sich und springt fauchend mit einem Satz ins Heu der Scheune, immer noch mit stechendem Blick auf die Remise.

Schwer sperrt sich die Eichentür gegen den Eindringling, so, als wolle sie niemanden hereinlassen. Es gelingt ihr nicht.

Nach kräftigem Zerren und Rütteln von außen gibt sie dem Druck nach. Der von der Katze beobachtete Schatten drängt sich durch die Tür.

Hinter den verstaubten Fenstern der Remise blitzt das diffuse Licht einer Taschenlampe auf. Tanzende Lichtkegel im Innern des Raumes, erregte Gestik zweier Menschen und unverständliche Laute.

Dumpfe Stille, gefolgt von Rumpeln und Poltern.

Was jetzt passiert hätte nie geschehen dürfen.

Der laute Knall eines Schusses wird von einem erneuten Donnerschlag verschluckt.

Es scheint, als ob die Zeit sekundenlang still steht, bis einsetzender Sturzregen als Taufe des Bösen vom Himmel prasselt.

Wasserbäche vermischen sich mit einem blutigen Rinnsal, das unter der Tür der Remise sichtbar wird und sich schlierig in den Pfützen auflöst. Jetzt hütet die alte Remise ein dunkles Geheimnis, von dem nur ein Mensch weiß.

Im angrenzenden Wohnbereich des Hofes wälzt sich Elisa, die fünfjährige Tochter des Verwalters, unruhig hin und her.

Ein ohrenbetäubender Donnerschlag hat sie aus dem Schlaf gerissen. Aufrecht und mit zerzaustem Blondschopf sitzt sie in ihrem zerwühlten Bett und starrt angstvoll in die Nacht. Beim nächsten Blitzschlag stülpt sie sich bibbernd das schwere Daunenplumeau über den Kopf und betet: »Lieber Gott, bitte mach doch, dass das Gewitter …«, und da fällt ihr der Buchsbaumzweig ein, der über dem Weihwasserbecken hängt, direkt neben der Schlafzimmertür. *Er ist gesegnet, und soll die Menschen bei Gewittern schützen, hat der Pfarrer gesagt.* Sie springt auf und geht barfüßig zur Tür, taucht den Buchsbaumzweig in das Weihwasserbecken und zelebriert blitzschnell drei Kreuzzeichen.

Das Weihwasserbecken hat die Form eines Schutzengels. Lieblich und unergründlich schaut der Engel. Er erzittert beim erneuten, fürchterlichen Donnern, das die maroden Mauern erbeben lässt. Ein wenig Staub rieselt bei jeder Erschütterung aus dem Kalkgemisch, mit dem die Fachwerkwände getüncht werden, seit Jahrhunderten.

Der Buchsbaumzweig fällt auf die Erde und der Engel hinterher. Elisa erschrickt fürchterlich und flüchtet mit einem Satz ins Bett. Dann traut sie sich doch und schaut auf dem Fußboden nach. Der Engel übersieht mit seinem unergründlichen Lächeln, dass ihm jetzt die Zehen des linken Fußes fehlen. Elisa hängt ihn behutsam wieder an den Haken. *Die Mutter wird es nicht merken,* denkt sie mit klopfendem Herzen.

»Lieber Gott, mach mich fromm, dass ich in den Himmel komm!«, betet sie innig.

»Mit wem flüstert du denn? Sei doch endlich mal ruhig und lass mich schlafen, du alte Transuse. Es ist doch nur ein doofes Gewitter!«, schimpft ihre große Schwester, dreht sich um und schläft weiter.

Doch Elisa hört beängstigende Geräusche: das unruhige Schlagen der Pferdehufe, das gellende Bellen und jaulen Hectors und das unruhige Geschnatter des Federviehs. Alarmstimmung. Ihr Herz klopft noch immer wie wild.

Jetzt trommeln Regengüsse an die Fensterscheiben. Die alten Sprossenfenster sind nicht dicht. Morgen wird sie die kleinen Pfützen, die sich auf dem Boden bilden, aufwischen müssen. *Morgen ist Sonntag … ach wäre es doch schon morgen.*

Aber da ist immer noch ein anderes Geräusch, das sie beunruhigt. »Kommt es aus der Remise?«, fragt sie sich. Es ist ein Klopfen, so als ob jemand hereinkommen möchte. Oder ist es ein Stampfen auf erdigem Boden? Monoton, wie schwere Stiche eines Spatens, wenn der Vater festgefahrene Böden umgräbt, um danach mit der Egge darüber zu gehen und neue Pflanzen einzusetzen. Ein Feld gibt es neben meinem Schlafzimmer gar nicht, nur eine Remise. Da halten sich die Arbeiter immer gegen Mittag auf. Sie qualmen, schwatzen und machen ein Päuschen. Währenddessen werden in einem Kessel mit kochendem Wasser ihre Henkelmänner aufgewärmt und aus dem alten Radio dudeln Schlagerschnulzen, deren Sinn Elisa gar nicht versteht. Zum Beispiel: »Kann denn Liebe Sünde sein?«

Elisa versteht das Getue um die Liebe nicht, das die Arbeiter darum machen, auch nicht das augenzwinkernde Lachen und ihre Witze hinter hervorgehaltener Hand.

Elisa, stets neugierig, fühlt sich in der Remise sehr wohl. Sie versteht die Begeisterung der Arbeiter über das Gedudel aus dem alten Volksempfänger nicht.

Zur Mittagszeit zieht es sie eher zu den gut riechenden Henkelmännern der Männer. Manchmal darf sie vom Eintopf des Knechtes Alwin probieren. Wenn nicht, trollt sie sich, spielt in der Scheune oder im Backhaus, das einige Meter entfernt auf einer Wiese steht.

Mittelpunkt des Hofes ist für sie die große Tenne. Da ist immer was los. Hier laufen alle Gänge zusammen. Ein Ort, an dem gearbeitet, und an Festtagen gefeiert wird. Eine große Tür führt direkt zum Wohnbereich.

Vom Kirchturm ertönt die Glocke: Mitternacht, zwölf Schläge. So weit kann Elisa schon zählen.

Das Gewitter verzieht sich. Aus der Ferne sind nur noch grollende Geräusche zu vernehmen. Die Welt scheint wieder in Ordnung zu sein.

Elisa schließt die Augen, doch das seltsame Klopf- und Schabgeräusch hört nicht auf. Es bedrückt sie.

Zu allem Unglück werden jetzt auch noch die Ratten munter. Elisa vernimmt das verhasste Rascheln in den Weinranken der Außenfassade. Ratten, so hatte ihr Bruder Johann erklärt, kämen häufig durchs Regenrohr, das an der Schlafzimmerwand befestigt ist. Sie veranstalten dort Wettrennen, flitzen aus dem Wassergraben, der an der Vorderseite des Hauses vorbeiführt, und landen schlimmstenfalls in der stets blitzsauberen Milchkammer, in der auch ›gebuttert‹ wird.

»Schluss jetzt, blöde Ratten!«, sagt Elisa mit fester Stimme. Und dann übermannt sie der Schlaf. Doch das Klopfen und Stampfen aus der Remise begleitet sie bis in ihre unruhigen Kinderträume, in der ihre kleine Welt nicht mehr in Ordnung ist und ein kleiner Schutzengel seine Zehen verloren hat.

Verstörende Nachrichten

Montag, der 16. August 2004, 7:55 Uhr

Elisa Fuchs, Sonderermittlerin des K1 Gelsenkirchen, sitzt beim Frühstück in ihrem Haus im Kastanienweg im Bergischen Land. Gähnend reckt und streckt sie sich, bindet ihr wirres rotbraunes Haar hoch und geht ins Bad. Sie braucht eine Weile, denn sie hat eine unruhige Nacht hinter sich.

Gedankenpuzzle schwirren im Kopf herum, lassen sich nicht zu einer harmonischen Einheit zusammenfügen.

Eine Lösung scheint in weiter Ferne zu liegen. Nach einem aufwühlenden Wochenende, mit nicht endenden Diskussionen, haben sich Constantin und Elisa, einst ein Vorzeigepaar, vorläufig getrennt.

Constantin ist zu einer Dienstreise nach Südamerika aufgebrochen. Eine berufliche Chance für ihn.

Die Kinder sind schon aus dem Haus. Tochter Viola, die Kunstgeschichte in Bonn studiert, ist verheiratet und hat einen dreijährigen Sohn, Robertchen, der die ganze Familie erfreut und auf Trab hält.

Sohn Florian arbeitet als Sozialpädagoge in einer Jugendhilfeeinrichtung.

Elisas Kinder ahnen, dass sich ihre Eltern voneinander entfernt haben.

Als sich die Tür gestern hinter Constantin geschlossen hatte, begann Elisa wie wild zu malen. Aus den nassen, fließenden Farben entstanden im Farbverlauf zunächst Augen, die sie eindringlich anzusehen schienen.

Nichts verändern, denkt sie, *das ist wie ein Geschenk. Manchmal malt man stundenlang, ehe das Gewünschte gelingt. Dies hier ist ein Glückstreffer, denn es bedarf nur noch weniger, zarter Pinselstriche zur Vollendung.*

Sie schaute zu dem Bild, betrachtete die Augen, die sie aus dem Farbenmeer direkt anblickten, ihre Gefühle widerspiegeInd. »Ein Gesicht der Farben«, flüsterte sie, und sofort ging es ihr ein wenig besser.

Das war gestern.

Heute ist es wieder anders. Immer noch ist da dieser verrückte Herzschmerz, denkt Elisa, wenn sie die vergangenen fünfundzwanzig Jahre an sich vorbeiziehen lässt. Alles schien in Ordnung zu sein, bis zu dem Zeitpunkt, als sie sich in einen Kriminalfall verwickelte. Es war der plötzliche Tod ihres Bruders, der vor zwei Jahren ihren Verdacht weckte, dass die Klärung des Falls durch die Gelsenkirchener Kripo unzureichend war.

Elisa recherchierte auf eigene Faust und trug schließlich zur Aufklärung bei. Sie kehrte als Kriminalbeamtin, als Sonderermittlerin, in ihren alten Beruf zurück.

Der Eifer, mit dem sie sich in die Fälle stürzte, missfiel ihrem Mann Constantin, er zog sich zurück, ging Gesprächen aus dem Weg, und dann hing der Haussegen schief.

»Ist das der einzige Grund?«, fragt sie sich.

Nein, wenn sie ehrlich ist, hat sie sich ein Jahr zuvor in den leitenden Ermittler der letzten gemeinsamen Kriminalfälle schwer verliebt.

Zunächst fand sie ihn, den Hauptkommissar Max Teufel, Leiter des K1 in Gelsenkirchen, arrogant. Sie kam zu der Überzeugung, dass er bei der Suche nach der Todesursache ihres Bruders von einem natürlichen Tod ausgegangen war und dass dadurch gravierende Fehler passierten.

Ungefragt klinkte sie sich privat ein, ermittelte undercover ohne Max Teufels Wissen und auf eigene Faust.

Doch dann wendete sich das Blatt. Max Teufel verliebte sich in seine Widersacherin Elisa Fuchs und befürwortete beim Behördenleiter, dass Elisa ihm in schwierigen Fällen als Sonderermittlerin zur Seite gestellt wurde.

Und aus der Zusammenarbeit wurde mehr, obwohl Elisa lange gegen ihre Gefühle für Max kämpfte. Vergeblich.

Nach dem letzten aufregenden Fall, mit Mord und einer Kindesentführung, hat sie mit Max glückliche Urlaubstage verlebt. Sie haben sich ihre Liebe gestanden.

Schon jetzt vermisst Elisa Max. Er verbringt mit seiner sechzehnjährigen Tochter Andrea Ferientage. Danach wird Andrea vierzehn Tage zu ihrer Mutter nach England reisen und Max und Elisa werden Zeit für sich haben.

Ganz in Gedanken versunken macht Elisa sich an diesem Morgen zunächst einmal einen starken Kaffee, gießt ihn in eine heiß ausgespülte alte Hotel-Silberkanne, damit er lange warm bleibt. Dieses Morgenritual lenkt sie von ihren Problemen ab. Sie schüttet Milch in ein kleines, dazu passendes Kännchen und bereitet sich ein Müsli aus einer frischen Banane, einem Apfel, Haferflocken und Joghurt zu. Sie gießt den Kaffee in ihre Lieblingstasse vom Flohmarkt, denn Elisa ist ein Flohmarktfan. Außerdem mag sie Kunst, malt, forscht und schreibt kulturgeschichtliche Essays.

Als der Tisch gedeckt ist, atmet sie auf, genießt ihr Frühstück, während sie nebenbei die Zeitungsmeldungen überfliegt. Ihr tägliches Morgenritual, das sie heute, nach dem Abschied von Constantin und ihrem inneren Zwiespalt, nachdenklich und ausgiebig zelebriert. Es soll sie fit für den Tag machen.

»Yesterday …«, klingt es aus dem Radio und Elisa will den Ton lauter drehen, sich nach dieser wehmütigen Melodie im Takt wiegen. Es schmerzt noch, dem Song zu lauschen, den sie auf einer Party vor über 25 Jahren zum ersten Mal gehört hat, nämlich an dem Abend, als sie Constantin kennengelernt hat. Sie schafft es nicht rechtzeitig, das Radio lauter zu stellen. Das Lied endet abrupt.

Schade, denkt sie, aber die darauf folgende Nachricht lässt nicht nur aufhorchen, sie schlägt wie eine Bombe ein:

»Mysteriöser Leichenfund auf einem Bauernhof. In einer

Bauernschaft des Dorfes Schlossberg im Münsterland wurde eine Leiche entdeckt.«

Elisa lauscht angespannt. Schlossberg! Da hat sie ihre Kindheit verbracht. Aufgeregt folgt sie dem kurzen Bericht des Sprechers von Nachrichten NRW: »Beim Abbruch eines dreihundert Jahre alten Bauernhofes sind in einer Grube Überreste einer männlichen Leiche gefunden worden. Die Staatsanwaltschaft Münster wird die Ermittlungen aufnehmen. Nach ersten Erkenntnissen muss die bisher unbekannte Leiche, nur noch kenntlich als Gerippe, etwa 40 – 50 Jahre in der Vorratsgrube einer Remise des alten Hofes gelegen haben. Eine Vermisstenmeldung des unbekannten Toten liegt nicht vor.

Eine Sonderkommission unter dem Namen ›Remisentod‹ wird gebildet. Sachdienliche Hinweise nimmt jede Polizeidienststelle entgegen.«

Elisa will sofort zum Hörer greifen, im zuständigen Präsidium in Münster anrufen, doch dann zögert sie.

Ich weiß doch gar nicht, ob das der Hof ist, der einmal mein Zuhause war, denkt sie. *Es gibt dutzende alter Höfe in Schlossberg. Ich werde selber hinfahren, den Hof suchen und alte Erinnerungen aufleben lassen. Einige werde ich nie vergessen…*

Da war doch der Todesfall des Strafgefangenen, der mit einer Gruppe Sträflinge für die Feldarbeit eingesetzt wurde. Wann war das? Das muss in den Fünfzigern gewesen sein. Doch der erschossene Strafgefangene wurde bestimmt ordnungsgemäß bestattet. Wer weiß, was sonst noch passiert ist, denkt sie und rüstet sich eilig für die Fahrt ins Münsterland. Doch die tragische Geschichte des Strafgefangenen geht ihr nicht mehr aus dem Kopf. Ihre schwermütigen Gedanken vom Morgen sind wie weggefegt. Ihr sprichwörtliches Bauchgefühl setzt ein. Sie ist in ihrem Element. Sofort hat sie ein Bild vor Augen, so als wäre es gestern geschehen, der Tod im Kornfeld. Sie steigt in ihren Mini und braust los.

Tod im Kornfeld

August 1952

Der Gefangene lauscht dem metallenen Klang der Glocken der Dorfkirche, die zum Hochamt rufen.

Als er sich bückt, um eine Garbe zu binden, sieht er durch seine gespreizten Beine am Rande des Feldes die blitzblanken Lederstiefel des Aufsehers.

Er überlegt und checkt die Lage: Vor den Feldern verläuft ein Landwirtschaftsweg. Das angrenzende Kornfeld ist etwa zu einem Drittel abgemäht, rundherum schließen sich weitere schützende Felder an, deren meterhohe gelbe Weizenhalme wie ein wogendes Kornmeer wirken.

Weil ein Unwetter zu befürchten ist, soll die Ernte des Gutsherrn, dem die Ländereien gehören, noch heute mit Hilfe der Strafgefangenen eingefahren werden. Aus den Augenwinkeln bemerkt der Gefangene, dass der Aufseher zu dem Mannschaftswagen geht, der die Sträflinge hergefahren hat.

Mahnend ist der Klang der Glocken. Sie erinnern ihn an seine Kindheit und die friedlichen Sonntage zuhause, vor dem Krieg! Die Glocken geben den Ausschlag, locken ihn unüberlegt ins Feld.

Die Glocken, der Sonntag, die Sonne! Das bunte Kornfeld! Der Geruch des reifen Korns und des aufgewühlten Ackerbodens!

Der Wunsch nach Freiheit ist für einen Moment übermächtig geworden.

Er bricht aus der Kolonne aus und rennt auf das Weizenfeld zu.

»Stehen bleiben, oder ich schieße«, ruft der Aufseher mit lauter Stimme.

Ein Schuss pfeift über den Flüchtenden hinweg.

Er hebt die Hände hoch, will sich ergeben, doch da fällt schon der zweite Schuss. Der Läufer duckt sich intuitiv und flüchtet panisch tiefer ins Kornfeld.

Schlagartig spürt er, wie das Geschoss in seine Lunge dringt und etwas zerreißt. Er fühlt, dass tausend Blitze in seinem Kopf zucken, sieht Bilder, die surrend, wie in einem zu schnell gespulten Film, sekundenlang in seinem Erinnern auftauchen und wieder versinken.

Die Wucht des Schusses und der nun einsetzende, fürchterliche Schmerz werfen seinen gebückten Körper schlagartig zu Boden.

Er liegt mit dem Gesicht auf der von der Sonne verdorrten Erde. Um ihn wogt im Sommerwind ein schützender, beschirmender Wall, eine Wand aus Kornähren, Kornblumen, Klatschmohn und Ackerwinde. Ein Rauschen setzt ein.

Einige Käfer huschen verschreckt über den Boden und verschwinden hastig im Dickicht der Halme.

Der Verletzte spürt sein warmes Blut, das in einem erneuten Schwall aus dem offenen Mund quillt, um dann augenblicklich vom trockenen Ackerboden aufgesogen zu werden.

Während der Erntearbeit, zu der er mit einigen Kameraden aus dem nahe gelegenen Strafgefangenenlager abkommandiert worden war, hat er die Glocken schon einmal vernommen, nämlich als sie morgens um 7 Uhr zur ersten Messe riefen.

Er ist noch so jung. Nach dem Krieg hat er keinen Fuß mehr auf die Erde bekommen und ist in sogenannte schlechte Gesellschaft geraten.

Zwei Jahre sollte er noch verbüßen. Für ihn eine zu lange Zeit. Er wollte nicht mehr warten.

Er wollte frei sein!

An diesem heißen, sonnigen Sonntagmorgen, umgeben von wogenden Kornfeldern und einer idyllischen Bauernschaft, schien ihm dieses Fleckchen Land wie ein Paradies auf Erden, sofern man sein Leben nicht hinter Gittern verbringen muss. Hier draußen spielte sich für ihn das volle Leben ab.

Noch einmal erlebt er die letzten Minuten seines Lebens, wie in einem zu schnell gespulten Film.

Der Aufseher mit dem Gewehr im Anschlag, der lauernde Blick aus den Augenwinkeln. Er erinnert sich auch an die Kutschen der Bauern, die ratternd über den Feldweg zur Kirche fuhren, die sonntäglich angezogenen, fröhlich schnatternden Kinder in weißen Schürzen aus Voile, die jungen, hübschen Frauen in den luftigen, modisch geblümten Sommerkleidern mit Puffärmeln. Alle strebten der Dorfkirche zu, vorbei an den gepflegten Bauerngärten, die von dichten, hohen Hecken umgeben waren.

Und er sah sie noch einmal vor sich, die Frau des Verwalters, in die er sich verliebt hatte. Oder nicht? Sie erinnerte ihn an seine Mutter, war immer freundlich zu ihm, und schenkte ihm, wenn sie mit Kaffee zum Feld kam, manchmal mit einem Zwinkern, eine zweite Tasse ein.

Er nahm in diesen letzten Minuten alles noch einmal intensiv wahr: Die Bienen, die sich summend auf den Kornblumen niederließen, die Pferdefliegen, die den Ackergaul umschwirrten, um dann von seinem langen Schweif ungeduldig verjagt zu werden.

Er sah Vögel, die gierig über dem Feld kreisten, sich bereithielten, das gedroschene, heruntergefallene Korn zu stibitzen.

Tröstlich scheint ihm nun der Klang der Glocken, der sich mit dem Rauschen des Kornfeldes zu einem lauten Brausen, gleich einer letzten Symphonie, vermischt und in einem aufbrausenden Stakkato endet. Mit letzter Anstrengung bricht aus dem Mund des Sterbenden der verzweifelte Aufschrei: »Oh Gott!«

Dann fällt sein Gesicht auf die Seite.

Eine Blutlache gibt dem blassen, nun friedlichen Antlitz des jungen Mannes einen erschreckenden Rahmen.

Die Fensterscheiben des sonntäglichen Stübchens im alten Bauernhof klirren, als der erste Schuss fällt. Der Knall zerreißt jäh die sonntägliche Idylle.

Fast synchron setzen Elisas Eltern mit erschrockenen Minen die Kaffeetassen des Sonntagsgeschirrs ab. Der kostbare Kaffee – alltags gibt es Muckefuck - schwappt über und hinterlässt eine braune Lache auf der weißen Untertasse und ertränkt im Nu das bunte Blümchenmuster des Geschirrs.

Da fällt der zweite Schuss.

Der Vater springt so vehement auf, dass der schwere Eichenstuhl umkippte. »Da ist was passiert!«, poltert er, denn als Gutsverwalter ist er für alles verantwortlich, was auf dem Hof und den Ländereien geschieht. Er rennt nach draußen, läuft auf das Feld zu, stürmt mitten in den aufgeregten Lärm, die entsetzten Schreie und das ratlose Stimmengewirr.

Die Mutter und Elisa mit ihren Geschwister, Anna, Otto und Johann, sitzen zunächst noch erschreckt und wie gelähmt mit offenem Mund auf ihren Stühlen.

Bewegung kommt nur in die Fliegen, die sich unbemerkt über Honig, Marmelade, Schinken und Sonntagsstuten hermachen, nicht fürchtend die Fliegenklatsche und das klebrige Insektenband, das unter der niedrigen Holzdecke hin- und herschwankt.

»Da ist einer erschossen worden!«, ruft Elisas Bruder Otto folgerichtig und stürmt mit Johann zur Tür. Ein Abenteuer für die heranwachsenden Jungen.

Bald hat sich auch die Mutter von dem Schrecken erholt und

verbietet sofort den Mädchen mit Angst erfüllter, hysterisch klingender Stimme, auch nur einen Schritt vor die Tür zu tun.

»Solche Schüsse haben wir doch im Krieg oft gehört!«, mault Anna großspurig, ihre Angst verbergend.

Elisa hat sich hinter Vaters großem Eichensessel versteckt, schaut aber neugierig über die Mähne des Löwenkopfes, der den repräsentativen Sessel, ein Erbstück vom Großvater, ziert.

So kann sie gut in den Garten spähen, über die hohe Hecke, die das Unglücksfeld vom Haus trennt.

Die Szenen, die sich abspielen, erinnern Elisa an ein Kasperle-Theater. Sie sieht nur Köpfe, die sich hin und her bewegen. Die Körper werden von der Hecke verdeckt.

Sie erspäht das rotbackige Gesicht des Dorfpolizisten, der solch ein Tschako trägt, wie der Polizist in Johanns Kasperle-Theater, der aber hier gar nicht weiß, was in solch einem schlimmen Fall zu tun ist.

Der dicke Polizist, ›Tschimmeg‹ genannt, wird im Dorf oft belächelt, doch nicht wegen seines gewaltigen Körperumfanges, sondern weil die Gesetzesbrecher schneller sind als er.

Wenn er mit seinem Fahrrad unterwegs ist, stoßen sich die Kinder grinsend an und rufen:

»Guckt mal, der Tschimmeg, der hat doch in seiner Pistolentasche bloß wieder ne Speckseite und ne Stulle versteckt!« Dann schwillt dem Dorfpolizisten der Hals und er schreit: »Ihr bösen Bengel, wartet nur, bis ich euch mal erwische!«

Dabei droht er jedes Mal mit seinem Schlagstock, wodurch das Fahrrad bedrohlich ins Schwanken gerät, die Kinder kreischend auseinanderstieben und dem Polizisten grinsend nachschauen, weil sein breites Hinterteil zu beiden Seiten des spitzen Ledersattels herunterhängt.

Autos nahen, fahren auf das Feld zu. Sie bahnen sich vorsichtig den Weg durch die Menschenansammlung und verscheuchen Neugierige.

Ob das Hochamt heute ausfällt, und die Kirche leer bleibt?, fragt sich die kleine Elisa.

Die Stimme ihres Vaters ist unüberhörbar. *Er scheint die Sache zu regeln, so wie er immer alles regelt,* denkt sie beruhigt.

Sie sieht, teilweise durch die angrenzende Hecke verdeckt, Köpfe mit Uniformmützen, die sich hin-und herbewegen.

Jetzt sind die Männer bestimmt auf dem Hof eingetroffen, denkt sie. Sie kann nur Stimmen vernehmen.

Eine Prozession uniformierter Männer nähert sich dem Hof. Sie sammeln sich zwischen den Ställen und der Remise. Inmitten der Gruppe, mit erhobenem Haupt, steht der Aufseher in seiner olivfarbenen Uniform. Elisa kann ihn nicht erkennen. *Ob er neu ist?,* fragt sie sich gespannt. Sie steigt auf den Stuhl, um besser sehen zu können und hört, dass ein Motor anspringt. Sie sieht ein dunkles Auto, das Ähnlichkeit mit einem Lieferwagen hat. Es entfernt sich in Richtung Landstraße. »Ein Leichenwagen?«, flüstert sie mit zitternder Stimme und schaudert.

Das Feld wird weiträumig abgesperrt.

Elisa schleicht in die Küche und sieht sich um. Die Mutter ist nicht zu sehen. Schnell entwischt sie, trotz des Verbotes der Mutter, durch die Ställe, erreicht die Tenne und späht durch das große Hoftor.

Da steht der Aufseher. Er hat sich an die alte Scheunenwand gelehnt, die aus rauen Backsteinen besteht und hält eine Kippe in der zitternden Hand. Sein Gesicht ist kreidebleich, bildet einen Kontrast zur braunroten Mauer.

Die Uniformmütze ist in den hager aussehenden Nacken gerutscht. Das dunkelblonde, penibel gescheitelte Haar des kleinen, eher schmächtigen Mannes, hängt nun strähnig in seiner schweißnassen Stirn. Sie ist an der Stelle, die bei der Arbeit vom Schirm der Uniformmütze verdeckt wird, kalkweiß. Das Gesicht, wettergegerbt, hat den Ton blassen Milchkaffees angenommen.

Das ist nicht der freundliche Mann, der sonst die Gefangenen auf dem Hof beaufsichtigt und ihre kindlichen Fragen geduldig beantwortete.

»Kann ich auch ins Gefängnis kommen?«, hat sie ihn einmal gefragt.

»Nein, wenn du immer lieb bist und tust, was Mama und Papa sagen, nicht«, hatte er freundlich grinsend geantwortet und über ihre widerspenstigen Locken gestrichen. »Noch bist du ein kleiner Engel.«

Ein lauter, barscher Ruf vom Hof: »Ratzke, wo bleiben Sie? Die Polizei hat auch nicht ewig Zeit!« Der Aufseher gibt sich einen Ruck, wirft die Kippe weg, und setzt die Uniformmütze gerade. Er streift Elisa mit einem unfreundlichen Blick und raunt: »Was machst du denn hier, kleine Göre? Das ist nichts für neugierige Blagen!«

Die Stimme des Mannes ist jetzt, bei der Befragung der Vorgesetzten hart, fast schneidend.

Er steht Elisas Vater und einem Polizisten aus der Kreisstadt Rede und Antwort:

»Ich habe den Kerl schon einmal verwarnt! Ich wollte in die Beine schießen, da hat er sich, als er das Kornfeld erreichte, blitzartig gebückt ...!« Jetzt zittert die Stimme des Aufsehers doch ein wenig. Er erwähnt nicht, dass der Gefangene die Hände gehoben hatte. Hat er es nicht bemerkt? *Er lügt*, denkt Elisa.

»Na, na, Haltung junger Mann, Sie waren doch mal Soldat! Ist noch gar nicht so lange her!«

»Kopf hoch, mein Lieber, Sie haben nur ihre Pflicht getan!«, schnarrt ein anderer Mann, wohl der leitende Polizeibeamte im Kommandoton.

Der Aufseher wendet sein Gesicht ab und dreht den Kopf, um sich Schweiß von der Stirn zu wischen. Elisa sieht für einen Moment seine kalten Augen, in denen keinerlei Verzweiflung zu erkennen ist.

Er beginnt zu reden, den Gefangenen in ein schlechtes Licht zu stellen: »Hatte mehr Augen für die Weiber als für die Arbeit«, erwähnt er abschätzig.

»Weiber?«, fährt Elisas Vater ihn an. »Wie meinen Sie das?«

»Entschuldigung, aber er hat immer um Ihre Frau schön getan … Sie ist ja auch …«

»Ich muss doch sehr bitten, junger Mann! Ihr Ton gefällt mir gar nicht! Reißen Sie sich am Riemen!«, donnert Elisas Vater.

»Nein, nein, Herr Degenhardt, so war das nicht gemeint«, jetzt bettelt der Aufseher fast. »Ich bin etwas durcheinander, der Konrad war …«

»Konrad?«

»Ja, der Erschossene. Er heißt Konrad Schulze.« Seine Augen ziehen sich zu Schlitzen zusammen. »Er war auch mehr hinter den Mägden her, zum Beispiel die Margret…«,

»Schluss jetzt, was hat das mit der Sache zu tun!«, ruft Elisas Vater zornesrot. »Ihr Dienst ist für heute hier beendet. Wegen des Todesfalles will ich ein Nachsehen mit Ihnen haben. Das Gericht wird entscheiden. Bringen Sie jetzt umgehend die Gefangenen vom Hof. Tun Sie nur Ihre Pflicht, ehe noch mehr passiert. Für heute ist Schluss. Wenn solch ein Benehmen noch einmal passiert – immerhin ist ein junger Mensch gestorben - werde ich mich in der Strafanstalt über Sie beschweren.«

Mit hochrotem Kopf geht Elisas Vater ins Haus und knallt die schwere Eichentür ins Schloss, so dass wieder etwas Kalk aus den Fugen rieselt, wie es seit dreihundert Jahren, bei jeder Erschütterung geschieht.

Elisa hört durch das geöffnete Fenster, dass ihr Vater aufgeregt mit der Mutter spricht. »Stimmt das wirklich, Franziska?«

Die Stimme der Mutter ist leise, verhalten. Elisa kann die

Worte nicht verstehen.

»So ein unverschämter Kerl!«, hört sie noch den Vater sagen, und dann knallt schon wieder eine Tür im Haus.

Unangenehm berührt und betreten schaut Elisa zur Seite, entfernt sich von dem Aufseher, kann seine Nähe nicht mehr ertragen.

Erst jetzt begreift sie in vollem Maße, was geschehen ist.

Ein Mann ist erschossen worden, doch einen Mörder hatte sie sich ganz anders vorgestellt. Sie schaudert.

Neugierig, wie sie ist, hat sie die Gefangenen, die zur Erntezeit geholt wurden, oft gesehen.

Einige schenkten ihr ab und zu ein Lächeln, wenn sie in dem Gefangenentransportwagen auf den Hof holperten, und Elisa dort gerade die Hühner fütterte oder mit ihrem kleinen Hund Möhrchen spielte. *Vielleicht kenne ich den Erschossenen sogar,* denkt sie und versucht sich einige Gesichter vor Augen zu rufen.

Ein Antlitz lässt sie nicht los: das Antlitz eines jungen Mannes, mit Augen von einem intensiven Blau. Der hatte ihr schon einmal freundlich zugerufen:

»Na, Kleene, wie heeste denn?«

Dieser Mann, so überlegt Elisa, *hatte stets zum Gefangenentransport gehört.*

Er hatte ihr einmal erzählt, dass er in Berlin wohnt und dort seine Mutter auf ihn wartet. Einmal bemerkte sie auf seinem Unterarm eine Tätowierung in Form eines Ankers.

Obwohl ihre Neugier geweckt war, scheute sie sich, dem Mann weitere Fragen zu stellen. Die Mutter hatte eindrücklich betont, dass sie sich von den Gefangenen fernzuhalten habe. Basta!

Jedoch auf die freundliche Frage des Gefangenen nach ihrem Namen legte sie zunächst nur schüchtern den Kopf zur Seite, lächelte den Mann scheu an, drehte verlegen an ihrem Schürzenzipfel und hauchte kaum hörbar »Elisa«. Danach rannte sie blitzschnell weg.

»Lieber Gott«, betet sie nun: »Bitte, lass den Mann mit dem Anker auf dem Arm nicht tot sein!«

Doch ganz tief im Herzen weiß sie, dass sie diesen blauäugigen und tätowierten Mann nie mehr wieder sehen wird.

Reise in die Vergangenheit

Elisas Reise in die Vergangenheit, an diesem 16. August 2004, dauert fast zwei Stunden.

»Durchtrenne das Tal«, spornt sie ihren Mini an. Ja, sie spricht mit ihm, nennt ihn ›Parzival‹ und das Auto scheint sich zu fügen.

Warendorf, Freckenhorst, Westkirchen, immer näher kommt sie dem Ort Schlossberg. Sie fragt nicht nach dem Geschehen, sie fährt gefühlsmäßig einfach nach Hause, vorbei an dem Kornfeld, in dem der Gefangene 1952, ja, jetzt fällt es ihr wieder ein, bei seinem Fluchtversuch sein Leben verlor. Das war genau ein Jahr, bevor sie in die Volksschule kam. Hier stoppt sie kurz.

Erinnerungen werden wach.

Schon von weitem sieht sie, dass ihr Bauchgefühl sie nicht betrogen hat. Sie ist am früheren Zuhause und am Tatort angelangt.

An den Seiten des Feldweges reiht sich Auto an Auto. Ein vertrauter Ort, der jetzt ein Tatort ist.

Sie kennt einen Nebenweg und bremst plötzlich an einem Absperrband.

Wieder ein Absperrband, denkt sie. Wie damals im Kornfeld.

Vor ihr ein trauriges Bild: Die Trümmer des ehemaligen stolzen westfälischen Bauernhofes, auf dem sie Jahre ihrer Kindheit verbrachte.

Das Dach des Wohnhauses ist teilweise noch mit roten, von Moosnestern bewachsenen Schindeln bedeckt, die jedoch an einigen Stellen Löcher aufweisen, so dass die grauen Dachbalken sichtbar werden, die an ein Skelett erinnern.

Das Haus scheint sie aus blinden Fenstern traurig anzublicken. Die ehemals weißen Rahmen der Sprossenfenster sind farblos und rissig. Das Glas ist zerbrochen. Spitze Scherben reflektieren das grelle Licht der Mittagssonne.

Doch auf dem Platz vor dem Hof steht sie noch, die alte Pumpe, die im Winter meistens eingefroren war, und oft den Meisen als Ausguck diente, weil Elisa eine Speckschwarte an der Pumpe befestigt hatte.

Daneben stand der obligatorische Schneemann, denn die Wintermonate waren kalt. Mit Mutters Kapotthut, kohlschwarzen Augen und Zähnen hatte er stets ein etwas dämliches Grinsen unter seiner Karottennase. Mit einigen Gänsefedern am Hut war er dann durchaus salonfähig.

Elisa geht näher, trennt sich von ihren Erinnerungen. Unberührt von dem Verfall scheint auch das alte Backhaus zu sein.

In einer der zwei Scheunen stehen die Türen weit offen. Aufmerksam geht sie näher. Hier scheint heute ein praktischer Arbeits- und Besprechungsraum für das Ermittlerteam eingerichtet worden zu sein.

Nebenan befindet sich die Remise. Ihr Dach fehlt, und ebenso zwei der seitlichen Mauern. Sie sind Opfer des gefräßigen Baggers geworden. Über der Remise, die einer Ruine gleicht, ist ein großes weißes Zelt gespannt.

Es gibt dem Ganzen den Anschein einer irren, romantischen Party in verfallenen Gemäuern. Immer noch strahlt das Anwesen einen Hauch von Gediegenheit vergangener Zeiten aus, dem man sich nicht entziehen kann, denkt Elisa.

Der Bereich des Hofes ist weitläufig mit rot-weißen flatternden Bändern abgesperrt, signalisieren: Das Betreten des Geländes ist verboten!

Seitwärts fristen Bagger, Planierraupen und ein Tieflader ein nutzloses Dasein. *Sie sind die Totengräber dieses Tages, die zunächst nicht mehr zum Zuge kommen werden.* Elisa hasst sie. Ein Schauder kriecht über ihren Rücken.

Eine scharfe, männliche Stimme, lässt sie zusammenfahren.

»Darf ich fragen, was Sie hier zu suchen haben? Das ist ein Tatort! Bitte treten Sie zurück.«

»Entschuldigen Sie bitte, ich habe nur mal geschaut …«

»Nur mal schauen, und ein paar geile Fotos machen, oder? Sie sind doch bestimmt von der Presse.«

Der Mann in Jeans und lässigem T-Shirt, sieht sie prüfend an und fügt dann zögernd hinzu: »Um 19 Uhr haben wir im Gasthof Beerenkötter am Marktplatz ein Pressegespräch, bis dahin …«, er weist mit seinem Zeigefinger auf den Weg zum Ort.

»Ja, Gasthof Beerenkötter ist eine urige Kneipe, die guten Service bietet. Ich kenne das Haus von früheren Besuchen in Schlossberg.«

Elisa nimmt ihren Dienstausweis heraus, hält ihn dem Mann entgegen und fragt:

»Und Sie sind?«

»Hauptkommissar Bernd Brinkhues, Kripo Münster.«

BB, das kann man sich gut merken, aber wahrscheinlich nicht laut sagen, lächelt Elisa in sich hinein.

»Ich bin der Leiter der Einsatztruppe ›Remisentod‹«, fährt der Hauptkommissar fort und wundert sich einen Moment lang über das Lächeln in Elisas Gesicht, hakt es ab und zeigt auf das abgesperrte Gelände.

Diesem Mann darf man nicht in die Quere kommen, denkt Elisa, während sie ihn unauffällig unter die Lupe nimmt. Er ist größer als Max und seine muskulöse Statur deutet darauf hin, dass er in seiner Freizeit nicht nur Bierchen, sondern auch Gewichte stemmt. Elisa, mit ihrer Größe von 169 Zentimetern, kommt sich neben dem bulligen Hauptkommissar klein vor.

Gerade schaut er auf sie herab und streicht sich nervös durch sein dunkelblondes, dichtes Stoppelhaar, räuspert sich und fragt:

»Aha, Kripo Gelsenkirchen, Sonderermittlerin? Was wollen Sie denn hier ermitteln? Wir haben Sie nicht angefordert, und es geht hier auch nicht um Kohle.« Er grinst, weiß aber schon in dem Moment, dass der Witz nicht gerade treffend ist.

»Entschuldigen Sie, Herr …«

»Brinkhues.«

»Ja, entschuldigen Sie, Kollege, nicht jeder, der aus Gelsenkirchen kommt, hat mit Kohle zu tun oder Kohlenstaub an den Klamotten und unter den Fingernägeln«, erwidert sie cool. »Ich liebe den Pott… und dann habe ich an diesem Morgen von der trüben Geschichte«, sie deutet auf die Remise, »im Radio gehört.«

»Und da haben Sie gedacht …«, Brinkhues macht eine bedeutungsvolle Pause, legt sich eine Antwort zurecht, als es schon aus Elisas Mund hervorsprudelt:

»Und da habe ich gedacht, dass ich vieles weiß über diesen Ort, was Sie nicht wissen«, vollendet sie den Satz und zeigt auf die Trümmer.

Der Hauptkommissar guckt erstaunt nach so viel Widerspruch, zieht die Luft ein und fragt gedehnt: »Und das wäre?«

»Ich habe von 1948 bis 1958 hier gewohnt, meine Kindheit verbracht.«

Brinkhues verschlägt es die Sprache. »So alt können Sie nicht sein! Dann sind Sie ja sozusagen eine Zeitzeugin.«

»Das kann man wohl sagen, Kollege.«

»Moment mal«, Brinkhues streicht sich den Schweiß von der Stirn, denn beide stehen in der prallen Mittagssonne und es ist 33 Grad Celsius heiß.

Prüfend schaut der Kommissar Elisa an. Er merkt, dass seine Brille total beschlagen ist und sein T-Shirt ihm am Körper klebt. Nur verschwommen sieht er die schlanke Frau, die vor ihm steht, sich die rotbraunen Haare aus der feuchten Stirn streicht. Umständlich versucht er, mit den weiten Enden des schlabbernden T-Shirts seine Brille zu putzen.

Oh Gott, denkt Elisa, *hat er kein Taschentuch?* Sie greift in ihre Jeanstasche und reicht Brinkhues ein Tempotuch.

»Danke Frau Fuchs.« Die Brille des Kommissars blitzt wieder. »Würden Sie bitte einen Moment hier warten, ich bin gleich wieder da.«

Brinkhues schnappt sich Elisas Dienstausweis und verschwindet.

Aha, jetzt geht er zum Einsatzwagen und überprüft mich, denkt sie.

Nach einigen Minuten kehrt Brinkhues zurück, mit freundlicher Miene. Elisa hat sich inzwischen unter den Schatten einer Eiche begeben.

»Frau Fuchs, ich habe gehört, dass Sie zurzeit keinen Sonderfall bearbeiten …«, er macht eine Pause.

»Oh, alles schon auf dem sprichwörtlichen ›Dienstweg‹ erledigt, Herr Brinkhues? Solche Anträge dauern doch normalerweise länger.«

Sie macht eine Pause: »Aber es stimmt, ich mache im Moment sozusagen Urlaub.«

Brinkhues überlegt: »Urlaubszeit, ja das spüre ich beim Zusammenstellen meiner Mannschaft. Und wenn dann noch jemand kommt, der dieses verlassene Stück Erde wie aus der Westentasche kennt, und auch seine Geschichte in den fünfziger Jahren …«

»Ja, dann ist das wohl ein Glücksfall, Kollege. Ich bin gerne bereit meine Erfahrungen und Erkenntnisse, die ich in meiner Kindheit hier gesammelt habe, zu teilen. Vielleicht bin ich dem Toten, dem Opfer, früher einmal näher gekommen …

Aber ich schätze, dass ich ihn nach so vielen Jahrzehnten nicht mehr auf Anhieb erkennen würde.«

»Na, dann kommen Sie mal mit. Ich werde Sie den Kollegen vorstellen und dann dürfen Sie, ›ganz in Weiß‹, sozusagen mit an den Ort des Grauens kommen.«

»Eine Frage, Herr Brinkhues, seit wann sind Sie hier im Einsatz?«

»Bin vor einer Stunde erst angekommen.«

»Haben Sie schon eine Liste der Mitarbeiter, die vor etwa 50 Jahren hier auf dem Hof beschäftigt waren?«

»Nein, so weit sind wir noch lange nicht.«

»Oben, hinter dem Schloss, war immer eine Rentei. Dort könnten Sie Auskunft bekommen über ehemalige Mitarbeiter.«

»Sie gehen aber ran, Frau Fuchs«, sagt Brinkhues und lacht.

Zum ersten Mal an diesem Nachmittag sieht er freundlich aus, und es steht im gut, denkt Elisa.

Ihr Handy klingelt. Ein Anruf von Max.

»Einen Moment bitte«, sagt Elisa und lächelt Brinkhues entschuldigend an.

»In Ordnung, Frau Fuchs. Ich gehe schon mal vor zur Remise. Bisher haben wir nur von oben in die Grube geschaut, Fotos gemacht, und warten jetzt auf den Rechtsmediziner aus Münster.«

Brinkhues setzt sich in Bewegung.

»Hallo Max, rate mal, wo ich bin.«

»Nicht zuhause, denke ich mal, denn du führst ja keine Selbstgespräche. Mit wem hast du gerade geredet?«

»Du wirst es nicht erraten, mit einem Hauptkommissar, dem Leiter der Ermittlungen. Ich bin in Schlossberg, stehe zuzusagen vor den Trümmern meiner Kindheitserinnerungen.«

»Du stehst wo?«

»Im schönen Münsterland. In meinem früheren Elternhaus ist in einer Grube eine Leiche, vielmehr ein Skelett, gefunden worden.«

Pause.

»Max?«

»Ich bin noch da, aber deine Scherze finde ich manchmal seltsam«, mokiert er.

»Nein Max, es stimmt alles. Ich habe von dem Kriminalfall heute in den Nachrichten ›NRW aktuell‹ gehört. Um acht Uhr früh! Entschuldige, ich muss jetzt zum Tatort. Komm doch einfach her und spiel den stillen Beobachter. Am besten, du suchst uns eine Unterkunft in Schlossberg, denn ich weiß ja, dass du zwei Wochen Urlaub hast.«

»Den habe ich mir aber anders vorgestellt, liebe Elisa.«

»Ach Max!«

»Na gut, ich weiß ja, wie hartnäckig du sein kannst.«

»Es gibt hier eine Gastwirtschaft am Kirchplatz, da findet auch heute Abend ein Pressegespräch statt. ›Gasthof Beerenkötter‹ ist eine urige Kneipe, die guten Service bietet. Ich kenne das Haus von früheren Besuchen in Schlossberg.«

»Bärentöter?«

»Nein Max, der wird hier höchsten getrunken.« Elisa buchstabiert den Namen.

»Okay, verstanden. Ich muss hier noch etwas ordnen, Töchterchen Andrea anrufen, ob sie gut in England angekommen ist, und dann buche ich schon mal das Zimmer für uns.«

»Grüß Andrea, und buche bitte Einzelzimmer, Max. Ich möchte nicht, dass im Dorf getratscht wird.«

»Warum, keiner kennt dich.«

»Das meinst auch nur du, Max«, antwortet Elisa, »ich war doch hier schließlich einmal i-Dötzchen und hatte einen Freund, mit Namen ›Theoken‹«. Sie legt auf und lächelt in sich hinein.

Der Fundort

Elisa gesellt sich zu der Gruppe der Ermittler, die sich um Hauptkommissar Bernd Brinkhues versammelt haben.

In Schutzkleidung sehen sie alle wie Engel aus, geht es ihr durch den Kopf: Gibt es Engel mit Bärten? Elisa und Brinkhues gehen mit Schutzkleidung in das Zelt. Verwundert und prüfend sehen die Kollegen zu Elisa hinüber. *Ruhig Blut,* denkt sie und stellt sich vor.

Brinkhues öffnet das Schutzzelt, das den inneren Tatort eingrenzt. Ein muffiger Geruch schlägt ihnen entgegen, und das nicht nur wegen der Hitze.

Das Tatortzelt ist blau/weiß, circa 3 Meter mal 3 Meter groß und aus PVC Material gefertigt. Es ist wasserdicht und hat ein Gewicht von ca. 25 kg.

Elisa ist beeindruckt. Die Seitenwände sind fensterlos, aber die Türöffnung hat zwei Reißverschlüsse, durch die Luft zirkulieren kann. Ein Flachdach hält Regen und Insekten ab. Gestützt wird das Zelt durch Fiberglasstäbe.

»Das Schutzzelt ist relativ sicher, aber wenn Gewitterstürme kommen, können wir uns auf etwas gefasst machen! Auf jeden Fall werden sich zwei Polizeistreifen Tag und Nacht in der Gegend aufhalten, bis dass das Opfer abgeholt wurde. Dieser Ort ist ein Anziehungspunkt für Neugierige und Strolche.«

Elisa entdeckt, dass die Spusi vier grell leuchtende Tatort-Scheinwerfer aufgestellt hat, die das Innere einer etwa zwei Meter hohen und zwei Meter breiten quadratischen Grube ausleuchten, in die das Team jetzt hinunterschaut.

Es durchfährt Elisa heiß. Nicht wegen des völlig verrenkten Skeletts. Nein, aber sie weiß genau, dass, als sie hier mit ihrer Familie wohnte, niemand ahnte, dass es unter der Remise einen Hohlraum gab.

»Wir sehen von oben auf den Fundort des Opfers hinab. Der Fundort muss aber nicht der Tatort sein«, sagt sie. »Ich erinnere mich, dass der Ort, an dem wir jetzt stehen, in meiner Kindheit als Remise genutzt wurde, als Aufenthaltsort der Arbeiter in Pausen und Ablageort von Geräten. Seht ihr die modrige Holzklappe, die an der Wand lehnt? Sie ist die Abdeckung dieser Grube. Nach den rostigen Eisenbeschlägen zu urteilen, muss sie sehr alt sein. Meiner Erinnerung nach wurde nie erwähnt, dass sich unter der Remise eine Grube befindet. Wenn es in der Remise einen Kampf mit tödlichem Ausgang gegeben hat, könnte sich während des Kampfes die Holzklappe gelöst haben und mit dem Opfer heruntergefallen sein.

Es wäre auch möglich, dass der Täter erst beim Vergraben des Opfers auf die Holzklappe stieß und die Gelegenheit nutzte, das Opfer in die Grube zu stoßen, die Klappe wieder zu schließen und mit Erde zu bedecken.«

Brinkhues untersucht die etwa ein Quadratmeter große Abdeckklappe.

»Was berichteten die Bauarbeiter, die auf den Hohlraum gestoßen sind, Kollegen? Wodurch wurde er bemerkt?«, fragt Elisa.

Brinkhues kratzt sich nervös am Kopf. Überlegt.

»Also, der Baggerführer, der den Fall der Polizei gemeldet hatte, gab an, dass er hier nur Erdboden bewegen wollte. Das ganze Gehöft soll nach und nach abgerissen werden. Der Mann spürte zunächst einen Ruck, dann Widerstand. Er stieß mit der Baggerschaufel im vorderen Bereich der Remise auf diese Holzklappe. Sie war mit festgetretener Erde bedeckt. Ein Teil der Grubenabdeckung wurde von der Baggerschaufel beschädigt. Der Baggerführer staunte nicht schlecht, als er die Klappe ganz entfernte und den Hohlraum mit dem Skelett entdeckte. Er benachrichtigte um 7:30 Uhr die Polizeidienststelle Ennigerloh, die zunächst eine Streife schickte.«

»Wie kamen die Beamten darauf, dass es sich hier um ein männliches Skelett handelt?,« fragt Elisa.

»Durch den Notruf wurde gleichzeitig die Feuerwehr alarmiert, die einen Notarzt mitbrachte. So ein junger Spund, gerade mit der Ausbildung fertig. Er hat nur in die Grube reingeschaut und gesagt: Forensik! Das ist das Skelett eines Mannes. Das sehe ich an der Beckenform und den Oberschenkelknochen«, erinnert sich Brinkhues.

»Wohl ein Superhirn«, stichelt ein Kollege. »Mal sehen, ob er Recht behält.«

Brinkhues ergänzt: »Stimmt. Dann kamen wir, meine Kollegen und ich vom K1, dem Morddezernat Münster hinzu. Die Abrissarbeiten wurden sofort eingestellt.«

Elisa sieht sich die Abdeckplatte zur Grube noch einmal an.

»Bei dieser Erhaltung muss die Holzabdeckung aus Eichenholz gefertigt worden sein. Wenn sie schon lange Zeit im Erdreich gelegen hat, erklären sich die in einigen Bereichen aufgequollene Maserungen. Es ist möglicherweise die Abdeckung einer Jahrhunderte alten geheimen Vorratskammer. Sie kann natürlich wirklich als Versteck genutzt worden sein, für wen oder was auch immer. Das kann ein Sachverständiger bestimmt klären, was meinen Sie?«, fragt Elisa in die Runde.

»Oder man verbarg einen Mörder auf dem Hof«, wirft vorwitzig ein junger Mann ein, der sich zu ihnen gesellt.

»Entschuldigen Sie, Frau Fuchs, das ist Kommissar-Anwärter Tim Flaßkamp. Er hat eine blühende Fantasie.«

»Kreativität ist nicht schlecht in unserem Geschäft. Demnach müsste das Skelett schon lange hier liegen. Dieser Bauernhof wurde im 18. Jahrhundert erbaut. Das weiß ich. Es ist möglich, dass diese Kammer mit dem Haus entstand, als Vorratsraum.«

Sie überlegt. »Mir fällt da eine Geschichte aus einem Mordfall in Gelsenkirchen ein. Darin spielte ein alter Keller in einer Metzgerei eine große Rolle. Auch da gab es eine geheime Kammer. Folgende Story kursierte in der Familie: Im Herbst 1813, während der Völkerschlacht in Leipzig, sollen versprengte Einheiten der französischen Truppen, auf dem Rückzug in ihre Heimat, desertiert sein und sich hungernd und plündernd durch einige Gebiete Deutschlands bewegt haben. Das ist geschichtlich belegt.

Ein Soldat stieg, so die Legende, durch eine Öffnung des Kellergewölbes, das zu der Metzgerei gehörte. Der Flüchtende fand eine Kammer voller Würste, fraß sich voll und dann fiel die Kammertür ins uralte Schnappschloss.«

Flaßkamp starrt sie wissbegierig an.

Elisa fährt fort: »Man fand den Soldaten erst, das heißt seine Überreste, als es in der Metzgerei fürchterlich stank und die Kunden wegblieben. Ein tödliches Versteck! Das könnten wir natürlich auch hier vor uns haben.

Im Herbst 1813 herrschten grausig kalte Temperaturen in Deutschland. Wenn diese Kammer schon seit der Erbauung dieses Gehöftes besteht, und früher die Holzklappe nicht durch Erdreich verborgen war, kann ein Kriegsflüchtling durchaus in der Vorratsgrube des reichen Bauern Unterschlupf gefunden haben. Als er satt war, könnte die Klappe zugefallen sein. Der Eindringling musste jämmerlich verhungern. Das müssten die Bewohner bemerkt haben, allein wegen des Verwesungsgestanks. Vielleicht wurde der Vorfall vertuscht. Das ist heute nicht mehr nachzuweisen. Doch die Forensik wird das Alter der Knochen eindeutig bestimmen können.«

Elisa lacht, als sie in die weit aufgerissenen Augen des

Anwärters sieht.

Er ist hin und weg. »Tolle Geschichte!«

»Das ist nur eine Annahme, aber die erste Story, die mit dem französischen Soldaten, geht weiter. Er wurde auf einem Gelsenkirchener Friedhof begraben und soll sich dort in Raunächten als Widergänger auf die Schultern nächtlicher Friedhofsbesucher setzen. Das ist nicht die ganz feine Art der Widergänger. Sie sind Untote, die aus irgendeinem Grund keinen Frieden finden, und sich darum an den Menschen rächen.

Es ist so. Ich wollte das im letzten Jahr selbst nachprüfen, ging im Dunkeln zum Grab meines Bruders auf den Gelsenkirchener Altstadtfriedhof. Und siehe da: Ich fühlte mich verfolgt, flüchtete, spürte schon den Atem des Widergängers im Nacken und kletterte in Panik über den Eisenzaun des Friedhofgeländes, denn der Friedhof war schon abgeschlossen. Beim Klettern über den hohen Zaun stürzte ich in die Tiefe. Im Krankenhaus wurde ich wieder wach.«

»Wie sind Sie denn ins Krankenhaus gekommen?«, fragt Flaßkamp.

Elisa zögert, denkt nach, aber die Kollegen, die inzwischen näher gekommen sind, sehen sie erwartungsvoll an.

»Das ist jetzt für den Fall nicht relevant«, weicht sie verlegen aus. »Geschichten erzählen am helllichten Nachmittag, nein!«

»Doch, zum Füllen der Wartezeit auf den Forensiker«, meint Nachtigäller, »und vor diesem Hintergrund«, er weist auf das Skelett, »ist das doch ganz passend und interessant.«

»Also, es war ein Gelsenkirchener Kommissar, dem ich oft in die Quere kam, weil ich auf eigene Faust ermittelte. Er muss mir gefolgt sein, aus welchem Grund auch immer.«

»Vielleicht mochte er sie«, wirft Flaßkamp ein.

»Ja, ja, wer weiß«, Elisa lächelt abwesend und wird rot. *Ich werde denen doch jetzt nichts über Max erzählen,* denkt sie und fährt fort: »Auf jeden Fall hat er mich aufgelesen, den Krankenwagen gerufen, und ab da liefen wir uns immer wieder über den Weg.

Was aber spannend und fast unglaublich ist: Im Krankenhaus traf ich auf den Widergänger. Er war kein Geist, sondern entpuppte sich als ein gemeiner Stalker, dem ich dann mit einem Infusionsständer am Arm folgte, doch er entwischte mir. Das war nicht lustig. Später wurde der Mann als Mörder meines Bruders entlarvt.«

»War es wirklich der, von dem Sie sich auf dem Friedhof verfolgt fühlten?«, fragt Flaßkamp ungläubig.

»Ja, da bin ich sicher. Aber Vorsicht! Widergänger gibt es nicht wirklich, doch Stalker durchaus!«

»Manchmal schlägt uns die Fantasie ein Schnippchen, stimmt's, Frau Fuchs?«, fügt Brinkhues hinzu.

»Stimmt genau. Die erste Begebenheit über den Soldaten im Metzgereikeller ist eine Legende, die in einer Gelsenkirchener Familie kursiert. Sie machen sogar Reklame mit der Geschichte. Sie hängt in altdeutscher Schrift über der Ladentheke. Mein unheimlicher Friedhofsbesuch wurde wirklich so von mir wahrgenommen, wahrscheinlich, weil sie mir an dem Tag genau morgens in der Metzgerei erzählt worden ist. Aber dieses Skelett«, Elisa zeigt in die Grube, »ist sehr viel jünger, als die Kandidaten aus meinen Schaudergeschichten.«

»Wer weiß«, meint Brinkhues den Kopf zweifelnd hin- und her bewegend, »was für eine irre Geschichte sich hier, wann auch immer, abgespielt haben mag.«

»Die Franzosengeschichte war nur ein Rückblick, lieber Kollege. Aber zurück zum Tatort. Ich erinnere mich sehr wohl an die Zeit, als ich in meiner Kindheit hier spielte und die Arbeiter in dieser Remise ihre Henkelmänner aufwärmten, Radio hörten und qualmten. In der Zeit, ich betone noch einmal, in den Fünfzigern, als wir hier wohnten, wusste niemand aus der Belegschaft, dass sich unter ihnen ein Hohlraum, eine dunkle Kammer befindet. Das Essen hätte ihnen dann nicht so gut geschmeckt.«

»Vielleicht wurde hier Korn gebrannt«, mischt sich der Anwärter Flaßkamp ein. Er erntet verhaltenes Lachen.

»Ja, Schnapsbrennereien gibt es viele in Westfalen, Tim,« antwortet Brinkhues, »aber du willst doch nicht andeuten, dass der Tote an einer Alkoholvergiftung gestorben ist? Ein interessanter, aber nicht gerade sachdienlicher Hinweis.«

Schweigen. Tim Flaßkamp schaut betreten, und die anderen nachdenklich in die Grube.

Elisa sieht Tim Flaßkamp an: »Schnapsherstellung? Gar nicht so schlecht die Idee, aber eher eine Kammer als Versteck von flüssigem westfälischen Korn. Ich erinnere mich zum Beispiel, dass bei großen Familien- und Nachbarschaftsfeiern, auch schon mal betrunkene Gäste in der Schubkarre nach Hause gefahren wurden.«

Das ganze Team kichert.

»Ihre Einschätzungen sind sehr interessant, Frau Fuchs. Wir werden sehen, nach Spuren suchen, prüfen und abwägen«, sagt Brinkhues cool.

Elisa lächelt verhalten und nickt ihm zu.

»Kollegen, ihr habt vorhin Frau Fuchs gehört. Die Fläche, auf der wir stehen, ist ein Tatort. Sie wird, wie die Grube Zentimeter für Zentimeter untersucht. Die Tat kann sich hier oben auf der abgedeckten Erde abgespielt haben. Jedes Fleckchen, jedes kleine Teilchen, kann wichtig sein. Die Erde wird, wenn es sein muss, durchgesiebt. Vielleicht werden wir fündig. Es müsste allerdings an ein Wunder grenzen«, meint Brinkhues, »und für Wunder müssten wir eine Wallfahrt nach Telgte machen.«

Gelächter.

»Zur Sache: Ein Teil der Oberflächenerde ist durch die Baggerschaufel schon in die Grube gerutscht, das ist schade. Die Spurensuche in der Remise sollte erst nach der Leichenschau des Forensikers in Angriff genommenen werden. Im und um den Hof gibt es genug zu erforschen. Da sind einige Flächen, die für die Tatortbeschreibung wichtig sind.« Brinkhues Handy klingelt. Er bleibt vor dem Zelt stehen und telefoniert.

Mordtheorien der Sonderermittlerin

Elisa starrt, tief in Gedanken versunken, auf das Skelett. Sie fasst ihre Gedanken zum möglichen Tathergang in Worte, damit sie haften bleiben.

»Der Mörder streitet mit einem Mann. Er erschießt sein Opfer und will es im Boden der Remise vergraben. Es muss ein Mensch sein, den man nicht so schnell vermissen wird. Ein Fremder?

Als der Täter mit dem Spaten auf Holz stößt, die Klappe entdeckt, bekommt er einen tüchtigen Schrecken und wirft sein Opfer einfach in die Grube, die sich vor ihm auftut. Jetzt erst erkennt er, dass stundenlange, harte Arbeit auf ihn zukommt. Er muss die Holzklappe wieder befestigt haben und die gesamte Oberfläche des Remisenbodens in dem alten, erdigen, festgetretenen Zustand zurücklassen. Niemand darf ihm auf die Schliche kommen. Stress pur, denn andernfalls wird man das Grab schnell entdecken.

Stunde für Stunde schuftet er, denn er weiß, um 7 Uhr morgens poltert die Frühschicht mit ihren Thermoskannen und Henkelmännern hier an.«

Elisa stutzt. Wieso hat niemand den frisch aufgewühlten Boden bemerkt? Seltsam, es sei denn, es war ein Wochenende, da konnte die Erde trocknen.

In diesem Moment hat sie eine Erinnerung aus der Kindheit, eine Gewitternacht im Sommer.

Es war das Jahr, in dem wieder einmal ein Reitturnier in Schlossberg stattfand … Sie will das Erlebnis in Worte fassen, doch der Gedanke verfliegt, als Brinkhues neben sie tritt.

»Oh, Entschuldigung! Habe ich Sie erschreckt?«

»Ich war in Gedanken, hatte eine Idee …«

»Und ich habe Ihre Gedanken unterbrochen und Sie haben den Faden verloren.«

»Stimmt, aber es fällt mir sicher gleich wieder ein.«

»Entschuldigung, bei so einem Tatort mit lange zurückliegendem Geschehen, muss man sich gedanklich in die Zeit zurückversetzen. Sehen Sie mal nach unten, Frau Fuchs, die Wände der Grube scheinen irgendwann mit Lehm abgedichtet worden zu sein. Das machte man in alten Zeiten im Münsterland, um Wände in Vorratskammern abzudichten. Das unterstützt Ihre Thesen.« Brinkhues steckt sein Handy in die Jeanstasche und ruft ihr im Hinausgehen zu:

»Ich warte draußen, bringe die Kollegen der KTU auf Trab. Sie können sich inzwischen weiter mit der Umgebung vertraut machen.«

Er schaut auf die Uhr. »Der Forensiker lässt sich aber Zeit, verflixt nochmal!«, flucht er leise.

»Ach Kollege, dieser Tote hier, dieses zerbrechliche Skelett, läuft uns bestimmt nicht mehr weg. Und wenn wir das Glück und die Ausdauer haben, einen Täter zu ermitteln, ist der bestimmt auch schon in der Hölle, vor einem anderen Richter.«

Brinkhues sieht sie groß an.

Elisa bemerkt es nicht. Sie ist in ihrem Element, sieht noch einmal in die Erdgrube und beugt sich tief hinunter. Ein Schwarm von Gedanken schwirrt durch den Kopf. Zahlreiche Löcher und kleine Öffnungen in den Seitenwänden des Erdreichs erwecken ihr besonderes Interesse. Sie entdeckt kleine Wurzeln. Etwa von dem Weinstock, der an der Nachbarwand rankt, da, wo ihr Schlafzimmer war. *Wand an Wand lag ich als Kind mit Maden und Schmeißfliegen, die mit ihren schillernden Flügeln den Leichnam verließen, und von tausenden Kleinstlebewesen abgelöst wurden. Das ist furchtbar,* denkt sie, *aber auch spannend. Das große Fressen ist meistens nach etwa zwei Jahren beendet.*

Elisa führt, wenn sie allein ermittelt, oft Selbstgespräche.

Es ist eingängiger, denn wenn wieder ein Kollege hereinkommt und stört, ist der Gedankenblitz nicht sofort verflogen.

»Wie ist das hier in der Grube mit der Feuchtigkeit?«, fragt sie sich. »Wenn die Kammer zeitweise von Feuchtigkeit durchzogen war, zum Beispiel durch das alte Regenrohr an der äußeren Kammerwand, war die Leiche eine Zeitlang mit weißem Leichenwachs bedeckt, weil sich die Hautfette durch Feuchtigkeit in Wachs verwandeln. Leichenwachs verhindert eine schnelle Verwesung, das weiß sie. In dem Zustand sieht eine Leiche grauenhaft aus. Ein Anblick, der Jahre andauern kann, wenn die Feuchtigkeit anhält.«

Sie schüttelt sich. »Ich armes Kind lag an der Nachbarwand der Remise. Nagetiere haben sich in der Zeit über die Reste hergemacht. Ich habe sie nachts oft gehört, besonders die Ratten.«

Sie geht aus dem Zelt hinaus, in die Sonne und wendet sich Brinkhues zu: »Wenn wir Glück haben, könnte noch ein Knopf, ein Ring, Kleidungsfetzen, Fasern, manchmal sogar ein Haar gefunden werden. Das Gebiss ist noch vorhanden. Super. Wenn der Mann erschossen wurde, müsste die Kugel oben in der linken oder rechten Wand gelandet, oder im oberen Erdreich liegengeblieben sein. Schade, eine Wand ist schon abgerissen, also müssen wir in dem Schutt suchen. Es ist allerdings unwahrscheinlich, dass wir nach einem halben Jahrhundert das Geschoss und die dazu gehörende, beim Schuss abgeplatzte Hülse finden.«

Brinkhues nickt. »Das wäre wie ein Sechser im Lotto, Frau Fuchs. Erst einmal höre ich nach, wann der Rechtsmediziner endlich da ist. Das Warten bei der Hitze …«

Warten auf die Forensik

Elisa wirft noch einen letzten Blick auf das Skelett, das die Phasen des Vergehens, der Austrocknung, der Autolyse, Fäulnis und Verwesung hinter sich hat. Sie kann sich einfach nicht trennen. Dieser arme Mensch da unten. Niemand scheint ihn vermisst zu haben.

Weiß wie Elfenbein schimmert ein Handgelenk, das völlig verdreht und vom Körper losgelöst neben dem Skelett liegt und nur durch einen grellen Lichtstrahl kurz aufleuchtet.

Wenn es in der Remise einen Kampf mit tödlichem Ausgang gegeben hat, könnte sich während des Kampfes die Holzklappe gelöst haben und mit dem Opfer heruntergefallen sein.

Es wäre auch möglich, dass der Täter erst beim Vergraben des Opfers auf die Holzklappe stieß und die Gelegenheit nutzte, das Opfer in die Grube zu stoßen, die Klappe wieder zu schließen und mit Erde zu bedecken.

Wie ein Stillleben, denkt sie. *Wenn ich es malen könnte, würde ich die Knochen in Bleiweiß, mit einem Tupfer vom kalten Neongelb vermischen und, um das Alter und die Verschmutzung einzubeziehen, eine winzige Spartelspitze Veroneser grüne Erde dazugeben.*

»Elisa, du bist am Tatort«, schilt sie sich selbst.

»Ist das Abbrechen des Gelenkes beim Sturz in die Tiefe geschehen, oder hat sich ein Tier das Handgelenk herangezogen, um daran zu knabbern?«, murmelt sie.

In dem zur Seite gedrehten Schädel ist an der rechten Schläfe ein Loch zu erkennen. »Dacht ich's doch!«, ruft sie, doch niemand hört sie. »Ich würde gerne den Schädel umdrehen, auf der anderen Schläfenwand nachsehen, ob dort die Kugel ausgetreten ist, doch bevor der Forensiker aus dem Institut der Gerichtsmedizin nicht da war, rühre ich die Knochen nicht an.«

Als sich die Tatortleuchte auf eine andere Stelle des Skeletts richtet, mutieren die Handknochen wieder in ein schmuddeliges Grau.

»Frau Fuchs! Ich möchte Ihnen den Rest unseres Teams vorstellen«, ruft Brinkhues, jetzt zum zweiten Mal. »Sie sind schon ganz tief in den Fall involviert! Wenn Sie so weiter machen, haben wir das Rätsel morgen gelöst.«

»Schön wär's«, ruft Elisa zurück und kommt aus dem Zelt. Wieder wird sie von der grellen Mittagssonne geblendet. Eine ganz andere Welt, als unten im Totenreich.

»Entschuldigen Sie die Zeitverzögerung«, murmelt sie.

»Alles ist gut«, sagt Brinkhues.

»Hier ist unser Jüngster, Tim Flaßkamp, den sie ja schon kennengelernt haben, unser Kommissar Anwärter aus Münster. Er ist immer mit der Schnauze vorn, muss sich noch die Hörner abstoßen.«

Verhaltenes Lachen.

Elisa lächelt auch, denkt einen Moment an den Kommissar-Anwärter Spitz aus Gelsenkirchen, der fast kein Fettnäpfchen stehen ließ, und oft mitten drin landete.

»Dann ist da unser Karl Kalthöner, auch ›KK‹ genannt, Oberkommissar und mein Vertreter.

Nicht zu vergessen ist Kriminalkommissar Heinrich Nachtigäller. Er pendelt in diesem Fall zwischen uns und der Spusi hin und her. Unser Mann für alle Fälle wohnt und arbeitet in Warendorf, ist aber für diesen Fall unserem Team aus Münster zugeordnet. Nachtigäller, bitte keine Witze zum Namen, Heinrich ist sie bereits gewohnt. Allerdings singt er nicht und ist auch sonst nicht musikalisch.«

Elisa lächelt Nachtigäller, einem Krauskopf mit wirren, rötlichen Locken, zu. Er erwidert das Lächeln mit einem Kopfnicken.

»Weitere Kollegen der Spusi sind zurzeit bei der Arbeit. Die Kollegin, Susi Potthoff, auch ›Spusi-Susi‹ genannt, haben Sie schon in Aktion gesehen.«

Hab ich?, fragt sich Elisa. *War bestimmt eine der weiß verpackten Engel, die in der Erde wühlen.*

Brinkhues fährt fort: »Eigentlich fehlt mir noch Kriminalhauptmeister Klaus Düchting, tüchtiger Mann, wohnt sogar in Schlossberg, kennt hier alles wie seine Westentasche. Hat allerdings am Wochenende bei der Festnahme eines Randalierers einen auf die Rübe gekriegt. Das ist nicht fein ausgedrückt, aber so war es! Den Bösewicht haben die Kollegen sofort eingefahren. Jetzt fehlt Düchting uns. Ich glaube nicht, dass wir Ersatz bekommen. Bin schon froh, dass Sie uns im Mittagslicht erschienen sind«, er schaut Elisa an.

»Danke.«

Ist er ein Poet?, fragt sie sich und sieht zu ihm hinüber.

Der Kommissar wischt sich wiederholt den Schweiß von der Stirn und fächelt sich Luft mit einer Akte zu.

»Bis zur Dienstbesprechung in der Scheune, um 16 Uhr, haben Sie die Möglichkeit, das ganze Team kennenzulernen, Frau Fuchs. Als Zeitzeugin werden wir Sie dann mit Fragen löchern.«

Das scheint ein sympathisches Team zu sein, denkt Elisa. *Wie unser Team im K1 in Gelsenkirchen mit Hauptkommissar Max Teufel.* Er fehlt ihr.

Sie schaut sich um und sieht in der Ferne eine Staubwolke. Ein Pkw und ein Spezialfahrzeug nahen.

»Das müssen die Forensiker sein«, jubelt Hauptkommissar Brinkhues. »Endlich!« Er geht dem Fahrzeug entgegen.

Das kann ein normaler Mensch nicht verstehen, dass ein Kriminalist jubelt, wenn er einen Forensiker sieht, denkt Elisa und lächelt.

Memento mori

»Professor Dr. Johannes Maria Nekrosis«, stellt sich der Gerichtsmediziner vor.

Was für ein Name, denkt Elisa. *Dieser Mann muss aus einem gelehrten Haus kommen, etwa einer Musiker- oder Dichterdynastie.*

Auf Schritt und Tritt folgen dem Professor, mit ehrfürchtigen Blicken, meistens nach unten gerichtet, Frau Dr. Rosa Nocophorus und ein bleicher Student mit Namen Sebastian Käfer.

Wenn der mal nicht gleich umkippt, denkt Elisa.

Dr. Nekrosis deutet auf das Skelett in der Grube und doziert, das Gesicht mit den scharfen Augen seinem Studenten Sebastian Käfer zugewandt: »Memento mori. Bedenke, dass du sterblich bist.«

Käfer wird noch bleicher, und der Professor legt ihm begütigend eine Hand auf die Schulter.

»Wie gehen wir nun vor? Eigentlich ist es bei jeder Leiche wie mit einer Zwiebel, immer von außen nach innen begutachten. Das ist bei diesem Sterblichen leider nicht mehr möglich, die Natur hat sich schon bedient. Bedenken Sie trotzdem, dass es einmal ein Mensch war, und behandeln Sie jeden Toten, den wir untersuchen, mit Pietät. Hier sehen wir also nur noch die Essenz, das Gerüst, die Knochen vor uns.« Er schaut noch einmal mit skalpellscharfem Blick einige Minuten auf das Skelett.

»Wir haben es mit einer männlichen Leiche zu tun. Warum, erfahren Sie im Bericht, das führt hier zu weit«, sagt er zu Brinkhues gewandt, der am Rand der Grube steht.

»Dieser Verstorbene muss etwa 50 Jahre unter der Erde gelegen haben. Die Zähne und die wenigen Verschleißsymptome lassen auf einen Menschen von etwa 40-50 Jahren schließen. Wäre es ein Mensch des frühen Mittelalters, damals wurde mehr grob gemahlenes Korn konsumiert und gerne an

Knochen genagt, hätten wir stärkere Verschleißspuren an dem hier relativ gut erhaltenem Gebiss. Aber ich entdecke Amalgamplomben! Sehr ungesund, doch das wusste dieser Patient damals noch nicht, und daran ist er auch nicht gestorben. Scheint sportlich gewesen zu sein, aber mit einem Schädeldurchschuss«, er dreht den Kopf behutsam herum, »sehen Sie, auch in der rechten Schläfe ist ein Loch zu sehen. Da empfiehlt es sich nicht, Sport zu treiben.«

Der Professor überlegt und legt die edle, hohe Stirn in Falten.

»Sie könnten, wenn die Geschosshülse beim Austreten geplatzt ist, hier noch irgendwo Hülsenreste finden, vielleicht auch ein Geschoss.« Er hebt den Kopf des Skeletts und sieht das Team an, das am Rand der Grube steht, und deutet auf das Loch in der linken Schläfenseite.

»Das losgelöste Handgelenk ist von einem Nagetier angenagt worden. Alles andere untersuchen wir in der Rechtsmedizin. Die DNA-Analysen können eine Weile dauern. Vielleicht ermitteln Sie noch Personen, die mit diesem Menschen verwandt waren.«

Der Professor nickt Frau Nicophorus und Sebastian Käfer zu. Letzterer richtet sich schwankend auf. Er steigt mit bleichem Gesicht aus der Grube, an deren Wand eine kurze Trittleiter gestellt wurde.

Elisa reicht ihm ein Glas Wasser, das er in einem Zug leert.

Das Skelett, bestehend nur noch aus Knochen, wird aus allen Blickwinkeln von Käfer fotografiert und dann folgerichtig und systematisch angeordnet, behutsam und sehr sorgfältig in ein spezielles, modernes Behältnis gelegt.

»Wir melden uns, wenn alle Labor- und Röntgenuntersuchungen abgeschlossen sind«, ruft Professor Nekrosis, beinahe frohgemut. *Es hätte schlimmer kommen können,* denkt er. *So mag ich es. Alles wohlgeordnet, alle Knochen beieinander. Herrlich! Im Matsch zu wühlen und nach Einzelteilen suchen zu müssen, davon sind wir verschont geblieben. Das ist doch auch was.*

»Sie melden sich bitte, wenn es zwischendurch relevante Erkenntnisse zu diesem rätselhaften, ja beinahe historischem Fund gibt.«

»Wird gemacht, Herr Professor«, ruft Brinkhues dem Dreierteam der Rechtsmedizin nach.

Die kostbare Fracht verschwindet in einer Staubwolke unter einem wolkenlosen, sonnigen, westfälischen Himmel.

Friede seiner Asche, denkt Elisa und macht still ein Kreuzzeichen.

»Jetzt wäre Zeit für eine Pause und eine Dienstbesprechung«, sagt Brinkhues.

»Frau Fuchs, berichten Sie doch was damals, vor über fünfzig Jahren hier auf dem Hof los war. An welche besonderen Ereignisse können Sie sich erinnern, an welche Stimmungen, Feindschaften, Freundschaften, Eifersüchteleien?«

»Gerne nehme ich Sie mit in die fünfziger Jahre. Ganz besondere Ereignisse kündigen sich bereits im Sommer an, mit dem Tod des Gefangenen, der von einem Aufseher auf seiner Flucht erschossen wurde. Wir können eine Tat, die vor Jahrzehnten geschah, nur aufklären, wenn wir fundierte Erkenntnisse der Spusi und Gerichtsmedizin haben. Die Frage nach dem Leben hier auf dem Hof ist nicht leicht einzuordnen. Ich muss scharf überlegen und weiter ausholen.«

Brinkhaus nickte ihr zu.

»Einige Erlebnisse, die mich als Kind sehr bewegt haben, sind mir in Erinnerung geblieben, denn ich habe sie als junge Frau aufgeschrieben, die guten Tage und den beschwerlichen Alltag. In guter Erinnerung sind mir die Familienfeiern geblieben. Damals wurde hier im Garten«, sie zeigt auf das, vom Bagger verwüstete Gelände, »die Erstkommunion meines Bruders Johann gefeiert. Es gab erstmalig Buttercremetorte, die bei Hitze schon während der Herstellung - es gab keinen Kühlschrank - oft gerann. Die Mutter lief mit hochrotem Kopf herum und wir durften sie nicht stören. Doch die Torte gelang und wurde zu einem Nachkriegshighlight. Die ganze Familie saß mit der Nachbarschaft bei Sonnenschein im Garten, bei Kaffee und Kuchen. Alle waren festlich gekleidet, die Anzüge der Herren waren mit schwarzem Kaffee aufgefrischt, die Frisuren der Damen onduliert, und die alten Kleider mit Spitzenkragen aufgemöbelt. Dagegen waren die Alltage hart und arbeitsreich. Wir Kinder mussten helfen, im Haus und Garten, bei der Obsternte und dem verhassten Unkraut jäten.

Ein erneuter festlicher Höhepunkt war die Erstkommunion meiner Schwester im darauf folgenden Jahr. Die inzwischen wieder zu Geld gekommene Patentante meiner Schwester reiste mit einem Opel Rekord aus Oberhausen an, der weiße Reifen hatte! Eine Sensation im Dorf und ein Zeichen des Wohlstandes, denn die Tante hatte ein Tiefbauunternehmen im Bomben geschädigten Ruhrgebiet, das tüchtig boomte.« Elisa versinkt kurz in Gedanken und fährt dann fort:

»In den folgenden Monaten gab es große Sorgen. Mein Lieblingsbruder Johann wurde schwer krank. Ein Tiefschlag für unsere Familie mit der Diagnose: Hirnhautentzündung. Von dem Tag an habe ich wirklich die Tage gezählt und gezittert. Mein Bruder lag in dem Krankenhaus der Gemeinde, das von Nonnen geleitet wurde. Er rang mit dem Tod. Wir waren alle niedergeschlagen und durften ihn wochenlang nur durch eine Glasscheibe sehen. Im Frühjahr 1952 wurde er entlassen, aber leider nicht ins Elternhaus. Er kam in mehrere Pflegeheime und erholte sich nur langsam. Ich vermisste ihn sehr und nahm alles, was in dem Jahr auf dem Hof geschah, ganz besonders wahr. Das Ereignis, das jährliche Reitturnier, in das unser Hof einbezogen war, war für mich spannend. Ich genoss die ersten Tage.«

Brinkhues räuspert sich: »Frau Fuchs, Sie schildern zwar sehr bildhaft das Leben auf dem Hof, aber hat das etwas mit dieser Grube zu tun?«

»Sie haben Recht. Ich musste in die Vergangenheit eintauchen. Ich kann das Geschehen der Zeit nicht aus dem Ärmel schütteln. Die Ereignisse waren miteinander verwoben. Erst jetzt, genau an diesem Ort, erinnere ich mich an weitere Erlebnisse die unseren Alltag in der folgenden Zeit veränderten, und die ich gleich gerne mit Ihnen teile. Wir bekamen Besuch aus dem Ausland. Ein englisches Turnierpferd wurde hier trainiert und gepflegt.«

»Verstehe«, sagt Brinkhues.

Während die Spusi weiter Spuren sucht, sichert, und fotografiert, setzt Elisa sich auf einen Strohballen in die Scheune. Ihre Kollegen Brinkhues, Kalthöhner, Nachtigäller und Flaßkamp nehmen auf einem Leiterwagen Platz und lassen die Beine baumeln.

Es ist 15.30 Uhr, der erste Ermittlungstag der SOKO Remisentod. Die Scheune bietet dem Team einen schattigen Ort, um mit Elisas Berichten eine Zeitreise zu machen.

Die Engländer kommen

September 1952

Eines Morgens wacht die fünfjährige Elisa auf. Durch ungewohnte Geräusche auf dem Hof wird sie aus dem Schlaf gerissen. Die Tür zum Gang, der an die Stallungen grenzt, klappt auf und zu, auf und zu. Ungewöhnlich.

Die knarrende Eichentür der Wohnküche trennt den Durchgang, der vom Wohnbereich zu der Tenne, den Ställen, und der Remise führt.

Elisa horcht auf. Ihr Vater geht mit gewichtigen Schritten aufgeregt hin und her und gibt mit seiner durchdringenden Stimme den Hofarbeitern kurze, prägnante Anweisungen.

Jedes Mal, wenn sich die Tür öffnet, schallt aus der Tenne ein waberndes Stimmengewirr und lautes Pferdewiehern, bis in die große Küche des behäbigen, westfälischen Bauernhauses.

Raue Natursteinplatten bedecken den Boden mit unruhigem Muster. Die kantigen Steine ruhen auf einer Lehmschicht, die vor Jahrhunderten festgestampft wurde. Die erdigen Ritzen zwischen den Steinplatten ziehen sich wie ein Netz von dunklen, schmutzigen Adern über den Boden des verräucherten Raums, den die fünfjährige Elisa von ihrem Schlafzimmer aus barfüßig betritt.

Sie ist neugierig, vernimmt Motorengeräusche, die sich von dem vertrauten Lärm der Trecker oder des alten Unimogs unterscheiden.

»Was ist nur los? Mir sagt wieder keiner was!«, murrt sie und schlüpft in ihre braun gestreiften Filzpantoffeln, denn der Steinboden ist kratzig und eiskalt.

»Immer dasselbe, alles verpasse ich«, murmelt sie mit knatschiger Kleinkindstimme und schaut sich um, ob die Mutter in der Nähe ist, die Elisas Knatschen schon mal mit einer

Backpfeife kommentiert.

Hastig zieht sich die Kleine Unterwäsche und Kniestrümpfe an. Sie geht am zerwühlten Bett der Schwester vorbei, die wahrscheinlich wieder mal ›verpennt‹ hat und zu spät auf dem Schulweg ist!

Die Regel ist, dass die Kinder nach dem Aufstehen ihre Betten ordentlich auslegen, das heißt, das Kopfkissen aufschütteln und das schwere Plumeau über den Rückteil des Bettes hängen, und die ›Pisspötte‹ ausleeren.

Die Schwester scheint es heute aber sehr eilig gehabt zu haben. Auch vermisst Elisa ihren obligatorischen Satz:

»Na, du alte Schlafmütze, steh auf und mach mal dalli!«

In der letzten Zeit träumt Elisa nämlich oft von ihrem Bruder Johann, der im Krankenhaus ist. Darum schläft sie sehr unruhig. Nach solch einer Nacht wie heute fühlt sie sich müde und gerädert.

»Na, bist du mal wieder unter den Mähdrescher geraten?«, ruft Bruder Otto ihr zu, während er in der Küche seinen Henkelmann einpackt.

Das fehlt ihr gerade noch, diese blöde Hänselei des großen Bruders! Elisa hält es nicht gut aus. Sie schluckt und ist plötzlich den Tränen nahe. Irgendwie muss sie ihren Kummer um Johann loswerden. Sie fragt die Mutter, während sie unglücklich mit ihren wackeligen Milchzähnen an der harten Kruste des Frühstücksbrotes kaut:

»Wann kommt der Johann denn endlich wieder nach Hause?«

»Johann ist immer noch sehr krank. Er muss noch ein paar Wochen in ein Heim nach Münster, damit er wieder ganz gesund wird«, ist die kurze, abweisend klingende Antwort. Schon wendet sich die Mutter einem Bündel Gemüse zu, das verlesen werden muss.

»Heim? Ist das denn hier bei uns nicht auch ein Heim?«

»Ach frag doch nicht immer so dumm! Für deine Kinkerlitzchen hab ich jetzt wirklich keine Zeit«, kontert die Mutter gereizt und eilt in den Garten, um Salat zu holen.

»Oh Gott!«, stößt Elisa, aus ihren Gedanken aufschreckend, aus. Sie hat ihr Morgengebet vergessen! Schnell läuft sie zurück ans Bett und kniet nieder:

»Lieber Gott, mach mich fromm, dass ich in den Himmel komm«, sprudelt es in Windeseile aus ihrem Mund. »Ich bin eilig, lieber Gott, muss unbedingt in den Stall und gucken, was da eigentlich los ist.«

Nach diesem Blitzgebet taucht sie noch schnell die Finger der rechten Hand in das kleine Weihwasserbecken, das die Gestalt eines Schutzengels hat, der über einer Muschelschale schwebt.

Eine günstige Gelegenheit für sie, nur eine Katzenwäsche zu zelebrieren.

Sie huscht zum alten Steinspülbecken und benetzt mit einigen Tropfen des eiskalten Wassers aus der Pumpe ihr Gesicht. Mit einem groben Handtuch, einem so genannten »Gerstenkorntuch«, trocknet sie sich hurtig ab.

Sie verabscheut die kratzende Struktur dieser Handtücher auf ihrer Haut, besonders im Winter, wenn Wangen und Lippen durch beißende Kälte rau sind.

Den ausgeleerten Schweineeimer in der Hand, betritt die Mutter die Küche.

»Du hast ja alles nass gemacht auf der Erde! Was hüpfst du denn schon am frühen Morgen herum, wie von der Tarantel gestochen?«

Elisa schaut schüchtern unter den wirren Locken schräg zu der Mutter auf.

Täglich unterzieht sie Mutters Miene einer eingehenden Prüfung, natürlich nur, wenn diese es nicht merkt. Das Stimmungsbarometer ist sehr wichtig für Elisas Verhalten an diesem Tag. Heute steht das Barometer noch nicht auf ›Gewitter‹. Das Antlitz der Mutter ist ›normal muffelig‹, der Tageszeit völlig entsprechend.

Irgendwie scheint die Mutter aber abgelenkt und eilig zu sein. Sie reißt nervös und ungnädig mit einem alten, grobzinkigen Kamm an den Locken des Kindes, um die obere Haarsträhne zu einer ›Tolle‹ zu formen.

Elisa hält still. Sie will schließlich kein ›Jammerlappen‹ sein.

»Kommt heute Besuch?«, fragte sie vorsichtig mit Kleinkindstimme, um die Mutter nicht zu reizen.

»Na, Besuch kann man das nicht nennen. Bestimmt gibt's Mehrarbeit! Es kommen Engländer mit ihren Pferden, denn am Sonntag findet das jährliche Reitturnier statt, das der Herr Baron eine Woche lang ausrichtet!«

»Es kommen Engeländer auf den Hof? Kommen die aus dem Himmel und haben was mit Engeln zu tun?«, fragt Elisa verdutzt.

»Na, lass das nicht den Vater hören. Der sagt immer: Engländer sind Verbrecher im Frack!«

»Frack, was ist denn das? Müssen Verbrecher damit herumlaufen?«

»Jetzt reicht's mir aber mit deiner dummen Fragerei!«, antwortet die Mutter streng und ›zubbelt‹ noch einmal ungnädig an Elisas Haaren, bevor sie den Kamm beiseitelegt.

»Iss jetzt lieber dein Marmeladenbrot und trink deine Milch!«

Gehorsam setzt sich Elisa an den großen Tisch. Immer scheint sie der Mutter irgendwie im Weg zu sein. Prüfend schaut sie zu dem mächtigen Kaminsims mit dem dicken Haken, an dem früher ein großer Topf hing. *Ob es früher immer nur Suppe für alle aus einem Topf gab?*, überlegt Elisa.

Unter die Gaube aus kantigen verrußten Natursteinen ist ein Kohleherd geschoben worden. Darüber gebeugt steht die

Mutter mit rotem Kopf und hantiert schon mit einigen Kochtöpfen, obwohl es ja noch längst nicht Mittag ist.

Dem Lärm des Kochgeschirrs nach zu urteilen, scheint die Mutter den Herd und ihren Platz davor nicht sonderlich zu mögen. Ihre Handlungen haben oft etwas Kriegerisches.

Ihre dauergewellten Haare kringeln sich vorwitzig um das gerötete Gesicht.

Es scheint, als kämpfe die Frau dort unter der Gaube verbissen und zornig einen langen, aussichtslosen Kampf, Tag für Tag. Trotzdem übt der Herd eine magische Anziehungskraft auf sie aus, der sie immer wieder zu erliegen scheint.

Und, man höre und staune, die Speisen, die aus den malträtierten und klappernden Töpfen und Pfannen herauskommen, sind meistens sogar sehr, sehr lecker!

Weil das Topfgerassel bedrohlich anschwillt, schweigt Elisa. Sie schüttelt sich kaum bemerkbar vor Abscheu, denn sie hasst die glibberige Haut der gekochten Milch, die über ihre Zunge gleitet.

Jetzt betritt ihr Vater die Küche. Elisa hat sein energisches Räuspern vernommen. Sofort setzt sie sich kerzengerade hin.

»Na, du kleiner Dreikäsehoch!«, ruft der mächtige Mann jovial. »Iss mal tüchtig, damit du groß und stark wirst!«

Er kneift ihr kurz mit seinen kräftigen, großen Arbeitshänden in die Backen. »Wie die Hacken, so die Backen!«, dröhnt es aus seinem Mund.

Elisa schreckt jedes Mal zusammen. Das Kneifen tut weh. Wenn sie die Geste des Vaters rechtzeitig bemerkt, neigt sie blitzschnell den Kopf zur Seite.

Der Vater berichtet, dass viele englische Fahrzeuge mit Anhängern und wertvollen Pferden am Schloss angekommen sind. Da sind Pferde ganz berühmter Reiter darunter. Der Baron wird ebenfalls vorbeikommen, um sich davon zu überzeugen, dass die Rassepferde gut untergebracht werden.

Elisa erfährt, dass ein Reiter und sein Pferdepfleger hier auf dem Hof übernachten werden.

»Die anderen Reitpferde sind in den Stallungen am Schloss untergebracht. Es kann sein, Franziska, dass sich die Engländer hier etwas warm machen, Essen zubereiten wollen. Ich habe zugesagt«, sagt er zur Mutter gewandt.

»Zwei von den Reitern sehen aus wie so ganz feine Pinkel. Sie tragen Uniform und sind hochdekoriert«, ergänzt er und räuspert sich erneut gewichtig. Elisas Mutter horcht bei seinen letzten Worten auf. Sie scheint erfreut zu sein. Sie lebt auf.

»Und haben die Engländer auch einen Frack?«, fragt Elisa wissbegierig und aufgeregt.

»Sei mal nicht so vorwitzig, bleib brav, und steh den Leuten bloß nicht in den Stallungen im Weg«, mahnt der Vater streng und stapft mit gewichtigen Schritten in Richtung der Ställe.

Kaum ist der Vater weg, blickt die Mutter kritisch in den alten Spiegel, der neben der Garderobe hängt.

Elisa beobachtet die Mutter aufmerksam. Sie mag diesen antiken Spiegel auch sehr, denn er hat einen eingeschliffenen Stern an der bogenförmigen, oberen Rundung, die von einer feinen Mahagonifassung eingerahmt ist. Aber um sich zu spiegeln, muss sie auf einen Stuhl steigen.

Nach einer eingehenden Überprüfung ihres Äußeren verschwindet die Mutter im Elternschlafzimmer, das zum Garten zeigt und direkt neben der Wohnküche liegt.

Elisa will sich gerade aufmachen, um sich in den Stall zu verdrücken, da öffnet sich die Schlafzimmertür wieder.

Ihre Mutter hat sich besonders fein gemacht, eine frische, weiße Hemdbluse angezogen. Dazu trägt sie einen dunklen, engen Rock, der hinten mit einer breiten Quetschfalte abschließt. Die Bluse ist zwar älter, wurde aber einmal durch einen kleinen, cremefarbenen Kragen aus so genannter

›Spachtelspitze‹ aufgefrischt.

Erstaunt nimmt Elisa den feinen Duft einer Gesichtscreme wahr, die Mutter manchmal aufträgt. Die reichen Verwandten aus Oberhausen hatten diese ›Mouson-Creme‹ ins letzte Weihnachtspäckchen gelegt, als Dankeschön für ein ›dickes Schlachtpaket‹ mit köstlichen Wurstwaren.

Das dunkelbraune, dichte Haar der Mutter liegt nun in gepflegten Locken und Wellen um das schmale Gesicht mit den leicht hervorstehenden Wangenknochen.

Die kindlichen Blicke sind erstaunt auf die Mutter, gerichtet, die auf einmal wie beschwingt in der Küche wirtschaftet und Ordnung schafft.

Mutter ist vierzig Jahre alt, das hat sie gehört, als die Eltern vor einigen Wochen irgendwelche Papiere ausfüllen mussten. Dabei erfuhr sie, dass der Vater zehn Jahre älter ist als die Mutter.

Elisa sieht, dass ihre Mutter erneut zum Herd geht, sich aber eine saubere, hellgrundige Schürze mit Blumenstickerei umbindet, die sie sonst nur sonntags bei der Zubereitung der Mahlzeiten trägt, statt einer bunten Kittelschürze für den Alltag. *Warum macht Mutter sich heute chic?*, fragt sich Elisa.

Sie findet ihre Mutter schön, trotz der Brille, die sie angeblich schon als junges Mädchen tragen musste, weil sie schwache Augen hatte.

Warum die Mutter so ganz versonnen am Herd steht, in Sonntagskleidung, die sie anzieht, wenn Termine und Erledigungen im Dorf wahrzunehmen sind, ist für Elisa rätselhaft. So versonnen, mit zufriedenem Lächeln im entspannten Gesicht, sieht sie die Mutter selten. Wie eine richtig liebe Mama, aber Mama darf ich nicht sagen. Das ist unnötige Verzärtelung, sagt der Vater.

Elisa drückt leise die Tür auf, die zu den Ställen führt, und schlüpft in den dunklen Flur, der in der großen Tenne endet.

Sie geht ganz, ganz leise, denn sie fürchtet, dass Mutters Lächeln zerbricht, wenn auch nur ein falscher Laut in die Küche dringt, denn Mutter kann auch anders. Ein zerbrochener Kochlöffel zeugt davon.

Hello Blondie!

Elisa erschrickt, dreht sich um. Sie ist auf dem Weg zu den Pferdeboxen an prachtvollem Zaumzeug und schönen, rotbraunen Sätteln stehen geblieben, das der Pferdepfleger von einem Transporter herangetragen hat, und sorgsam verstaut. Sie staunt darüber, denn mit solch feinem Zaumzeug werden die schwerblütigen Ackergäule des Hofes nie geschmückt.

Verblüfft schaut Elisa zu den Boxen. In der letzten steht ein großer, schlanker Mann, der eine khakifarbene Uniform trägt. Ein anderer, etwas jüngerer Mann in robuster Arbeitskleidung, bürstet ein schönes Reitpferd mit rotbraunem Fell und einer weißen, rautenförmigen Blässe auf der Stirn. Auch dieser Mann lacht sie freundlich an.

Elisa ist sichtlich verlegen und legt den Kopf schief, kreuzt schüchtern die Füße übereinander und hätte fast das Gleichgewicht verloren. Nun schämt sie sich, und flammende Röte breitet sich über ihr rundes Gesicht aus. Sie würde am liebsten weglaufen.

»Oh, come on!«, beschwichtigt sie der Mann in der beeindruckenden Uniform und sagt lachend zu dem anderen:

»Isn't she sweet? Just run, Mike, and get some chocolate for that young German Lady!«

Umgehend macht sich der Stallbursche auf den Weg zu einem khakifarbenen Sack, der in der Tenne auf einer Haferkiste liegt und kommt mit einer Tafel Schokolade zurück, die er Elisa freundlich in die Hand drückt.

Elisa ist sprachlos. Eine ganze Tafel Schokolade, und es ist noch nicht einmal Weihnachten! Da könnte sie auch den Geschwistern etwas abgeben oder sie ganz alleine auf dem Speicher, neben Hund Möhrchen sitzend, auffuttern.

Elisa weiß nicht, ob die beiden Engländer sie verstehen. Sie streckt schüchtern ihre rechte Hand aus, macht zweimal hintereinander einen Knicks und sagt leise: »Dankeschön für die Schokolade.«

»Oh, wir sind nigt der König von England! Du braugst nix zu machen eine Hofgnicks for uns!«, sagt der Mann mit der Uniform in holperigem Deutsch, und beide lachen herzlich.

Jetzt lacht Elisa auch, rennt vor Freude durch die Tenne, und hüpft einmal um einen Berg Strohballen herum.

»Frollein, hello! Wie heißt du denn?«

»Elisa!«

»Oh, what a nice name. In England haben wir eine Prinzessin, die heißt auch Elisabeth!«

Elisa staunt:

»Eine richtige Prinzessin mit einer Krone auf dem Kopf?«, fragt sie ungläubig.

»Well, kleine Lady. A little Princess mag nigt aben eine Krone auf, wenn she is running im Stall.«

Die beiden Männer lachen herzhaft.

»Ist deine Mami da?«, fragt der Uniformierte nun neugierig.

Sie nickt und sagt: »Ich habe keine Mami, aber eine Mutter«, sie zeigt auf den Gang, der an den Schweineställen vorbei zur Küche führt.

Der Engländer folgt ihr und klopfte dann an die Küchentür.

Elisa schaute ihn verständnislos an. Sie hat noch nie an eine Tür geklopft!

»Ick kann nicht stören die Lady without knocking!«, sagt der Engländer zu Elisa und tritt ein.

Elisas Mutter dreht sich schnell um, so als ob sie den Besucher schon erwartet hätte. Sie setzt ihr schönstes, strahlendes Lächeln auf. Es ist dieses freundliche, sympathische Lachen, das lustige Fältchen um die Augen sichtbar macht und diese warm und herzlich aufleuchten lässt.

Das entspannte Sonntagsgesicht. Dieses Lächeln zeigt die Mutter oft, wenn Besuch da ist, wenn sie mit Bekannten spricht, aber auch an besonderen Festtagen, wie Weihnachten oder Ostern.

Das Lächeln macht eine Reihe großer, weißer und regelmäßiger Zähne sichtbar.

Es ist ein routiniertes Lächeln, lässt Selbstbewusstsein erkennen und kann jederzeit an- und ausgeknipst werden. Es weist auf die Erziehung ›einer Tochter aus gutem Hause‹, des Großbürgertums der ersten Jahrzehnte des 20. Jahrhunderts. Die Mutter lernte früh, sich von der besten Seite zu zeigen, wenn es angebracht oder von Vorteil war. Sie wurde als Kind bei Besuchen vorgeführt, spielte zur Laute, und wie ihre Schwestern nahm sie in ihrer Jugend obligatorische Klavier- und Tanzstunden.

Und jetzt zeigt sie sich vor dem Engländer von ihrer charmanten Seite, und das brillant.

»Geofferey Vernon«, murmelt der Besucher und verbeugt sich.

»Franziska Degenhardt«, erwidert die Mutter mit strahlendem Gesicht und setzt mit charmant hilfloser Geste hinzu:

»Please, come in!«

Nach Worten suchend gesteht sie lachend: »Oh je, my English is so long ago!«

Nun lachen beide und achten nicht auf Elisa. Die steht mit offenem Mund da und starrt bewundernd und ungläubig auf die Mutter, die förmlich aufblüht.

Solch ein Besuch könnte öfter kommen, sinniert Elisa. *Hoffentlich bleiben die Engländer lange im Dorf.* Ungeniert nimmt sie ihre Schokolade aus der Schürzentasche und beißt herzhaft hinein. Der Engländer und die Mutter achten sowieso nicht auf sie.

Die Mutter strahlt, bekommt rote Wangen und kocht ›guten Bohnenkaffe‹, der sonst nur sonntags sparsam eingesetzt wird. Sie unterhält sich prächtig mit Mr. Vernon.

Freudig sagt sie zu, dass er und seine Leute in den nächsten Tagen jederzeit »Eggs and Bacon« in der Küche zubereiten dürfen.

Elisa denkt, *was für ein schöner Tag.*

Sie geht leise zur Tür und rennt dann fröhlich auf den Hof. Dann lockt sie Möhrchen aus der Hundehütte und klettert mit ihm auf den Heuboden. Dort liegt sie gemütlich an den Hund gekuschelt.

Die Dachluke lässt warmes Licht herein und die Sonne malt goldfarbene Kringel an das dunkle Gebälk des Heubodens.

Leicht und unbeschwert fühlt sie sich, als die Träume kommen: Sie ist eine Prinzessin, trägt eine kleine silberne Krone und darf den ganzen Tag Schokolade essen, die von einem Diener mit khakifarbener Uniform auf einem silbernen Tablett serviert wird! Sie ist Prinzessin Elisabeth.

Wie durch Watte hört Elisa undeutlich ihren Namen, und die Stimme, die sie ruft verändert sich, wird fordernd und laut:

»Elisabeth!«

Elisa schreckt hoch! Das ist unverkennbar wieder die Alltagsstimme der Mutter, die zum Essen ruft. Wenn Mutter sie Elisabeth nennt, ist Vorsicht geboten!

Sie steht gähnend auf, Möhrchen schüttelt sich die Spreu aus dem Fell und rennt zum Fressnapf an der Hundehütte, wo Hofhund Hector sich schon schmatzend bedient. Elisa glättet ihre verknitterte Schürze.

Vorbei der Traum von lebenslänglichem Schokoladengeschmack. Es riecht meilenweit nach Sauerkraut mit Eisbein, eines der wenigen Gerichte, die Elisa Widerwillen bereiten. Zu spät, um selbst nur ein wenig von dem Essen zu nehmen.

Schon hat der Vater einen Berg Essen auf ihren Teller geladen mit den vertrauten Worten, die keinen Widerspruch duldeten:

»Damit du groß und stark wirst!«

In diesem Moment will Elisa aber lieber klein bleiben. Dann denkt sie an den Engländer und schluckt geduldig das Sauerkraut herunter.

»Franziska, du strahlst ja so«, sagt der Vater und legt kurz die Hand auf den Arm der Mutter. Sie zieht ihn schnell zurück und wendet sich ab.

Elisa horcht auf. Draußen marschiert, auf dem Weg zur Remise, wo es die Essensverteilung gibt, eine Gruppe Gefangener vorbei, im Gleichschritt singend:

»Klotz, Klotz,
Klotz am Bein,
Klavier vorm Bauch,
wie lang ist die Chaussee?
Links ne Eiche,
rechts ne Eiche,
in der Mitte eine …«

»Ruhe!«, brüllt der Aufseher.

Abrupt schweigen die Männer. Elisa erschrickt. Sie erkennt vom Küchenfenster aus das Gesicht des Aufsehers Ratzke, der vor zwei Wochen den flüchtenden Gefangenen im Kornfeld erschoss. Das Gesicht des Mannes ist grimmig, wie zu Stein erstarrt. Sie wird es nie mehr vergessen.

Elisa macht ein kurze Pause, trinkt einen Schluck Wasser und sagt: »Ich fahre fort. Kollegen, wir sind immer noch im Jahr 1952.«

Ein Held

Eine stürmische Freitagnacht, zwei Tage vor dem großen Reitturnier!

Düster wölbt sich der Himmel über dem alten Gehöft. Im entfernten Dorf ist das Aufheulen der Brandsirene zu hören, durchdringend und schrill. Wieder einmal ein Sommergewitter nach einem heißen Tag. Es hört nicht auf.

Erneut schlägt das Vieh unruhig an die Boxen, und Wachhund Hektor rasselt an seiner Kette. Er mag Gewitter gar nicht.

Die Katzen liegen eingerollt auf den Strohballen im schummrigsten Winkel der Scheune, sind nur noch durch die grün leuchtenden Augen im Dunkel erkennbar.

Elisa liegt schon im Bett. Sie träumt von einem Schloss. Das Gewitter stört sie heute gar nicht. ›Prinzessin‹ hat ein Engländer sie genannt. Das fühlt sich für sie unglaublich an. In ihr wächst das Gefühl, Flügel zu bekommen.

Es ist es etwas ganz Besonderes für sie, geschätzt zu werden. Sie überlegt, ob sonst noch jemand sie richtig gern hat.

Oft hört sie die Bemerkung ›dumme Koten‹, wenn es um Kinder geht, die im Weg sind.

Doch da fällt ihr der Knecht Alwin ein, der immer lieb zu ihr ist. Auch die dicke Frau vom Schweinehirten. Na gut, der Bauer vom Nachbarhof und seine Frau sind auch nett, und Tante Trautchen! Ja, die brachte immer etwas mit, und die reiche Tante Walburga mit den schönen Geschenken. *Da sind doch viele Menschen, die mir gut sind,* denkt sie. *Eigentlich habe ich alle gern, und lieb haben tu ich meinen Bruder Johann. Er ärgert mich nicht so viel wie die anderen Geschwister. Mag er mich auch? Er ist so klug, ich bin viel zu klein und dumm für ihn!*

Elisa atmet tief aus. Für die Mutter ist sie einfach nur da und scheinbar eine Last. Doch heute war es ganz anders. Wie sie den Engländer anguckte. Sie ist am Nachmittag noch einmal extra in den Stall gegangen und hat den Engländern Kuchen gebracht. Elisa hat sie mit dem Engländer gemeinsam lachen hören. Vielleicht bleibt der Engländer ja hier, und die Mutter hat immer gute Laune.

Als ein neuer, lauter Donnerschlag die Fenster und Wände beben lässt, schreckt sie aus den schönen Erinnerungen auf. Ein Blitz taucht das Zimmer sekundenlang in gleißendes Licht.

Hagelschlag setzt ein. Erbsengroße Körner fliegen krachend ans Schlafzimmerfenster.

Elisa schaut zum Bett der großen Schwester Anna und bemerkt verwundert, dass es leer ist. Das Plumeau liegt nachlässig zurückgeschlagen halb auf dem Holzfußboden, ein Zeichen dafür, dass Anna es eilig hatte, so spät am Abend? Irgendetwas ist los auf dem Hof.

Sie springt aus dem Bett, läuft zur Tür und bemerkt, dass in der Küche noch Licht brennt. Hat man sie allein gelassen? Zaghaft und verängstigt ruft sie:

»Hallo, Mutter, Vater, Anna?«

Keine Antwort!

Sie späht in den Durchgang, der zu den Stallungen führt. Von der Decke hängt eine von Fliegen- und Mottendreck verschmutzte Lampe mit Spinnwebnestern. Darin haben sich Strohreste verfangen, die in dem diffusen Stalllicht warm und goldfarben aufleuchten.

Es summt überall. Die Ställe und der hinter dem Hof liegende Misthaufen ziehen die Insekten magisch an.

Elisa schleicht weiter den Gang entlang. An den durchdringenden Stallgeruch ist sie längst gewöhnt. Aus den Schweineställen schallt lautes Quieken und Grunzen.

»Wenn ihr denkt, dass ihr mitten in der Nacht Futter kriegt, dann seid ihr aber angeschissen«, flüstert sie leise und kichert in sich hinein.

»Oh je, gut, dass es keiner gehört hat, das böse Wort Scheiße!«, murmelt sie und öffnet mit Mühe die schwere Tür zur Tenne.

Dort brennt nur die Notbeleuchtung, doch hinten rechts im Gang bei den Pferdeboxen, konzentriert sich das Licht mehrerer Stalllaternen und beleuchtet kreisförmig eine beunruhigende Szene:

Eine Gruppe von Männern steht mit gehörigem Abstand um ein Reitpferd, das sich wild aufbäumt. Panisch wirft es den Kopf hin und her, rollt furchterregend mit den Augen, wiehert, schnaubt und legt die Ohren an. Von den Augäpfeln ist zeitweise nur noch das Augenweiß zu sehen.

Zwei Männer, es sind Engländer in khakifarbenen Uniformen, können das verängstigte Pferd kaum an der Trense festhalten. Sie reden beruhigend auf das Pferd ein, streichen über seine Flanken. »Brrrr, don't worry Angel, brrrrr.«

Doch es kommt noch schlimmer.

Elisa hält den Atem an. Das Tier schlägt wild mit den Hufen, Funken stieben vom harten Stallboden auf, dann wälzt es sich auf dem Stallboden hin und her, schlägt wieder aus. Ein Pferdepfleger kann gerade noch geistesgegenwärtig zur Seite springen.

Inmitten dieser Gruppe sieht Elisas die mächtige Figur ihres Vaters. Über seiner Arbeitskleidung trägt er die weiße Gummischürze, die er auch beim Schlachten und Wursten umbindet.

»Vater schlachtet das große Pferd!« Elisa ist starr vor Schreck, und dann beginnt ihr Herz zu rasen.

Jetzt im Moment nickt der Vater ernst und bestimmend einem Arbeiter zu, der ihm einen großen Eimer bringt: »Oh Gott, ein Eimer für das Blut!« Elisa möchte vor Entsetzen schreien. Sie kann nicht erkennen, dass sich in dem Eimer nur eine warme Seifenlauge befindet.

Wieder nickt der Vater den Männern zu, die das Pferd aufrichten.

Ein Mann hebt daraufhin den Schweif des Pferdes hoch und hält ihn fest. Die anderen Helfer halten das Pferd, das wieder unruhig und in Panik gerät.

Mit unerschütterlicher Ruhe tastet der Vater ganz vorsichtig den Leib des Tieres ab, redet beruhigend auf das Pferd ein und führt ganz langsam seine Hand in den After des Tieres. Mit Schrecken bemerkt Elisa, dass fast der ganze Arm des Vaters im Darm des Tieres verschwindet. Es scheint, als würde die gepeinigte Kreatur nach und nach ruhiger.

Elisa seufzt erleichtert auf. Ihr Vater will dem Pferd nur helfen, das Pferd gesund machen. Immer wieder schiebt er vorsichtig seinen Unterarm in den Darm, scheint ihn zu spülen.

Gespannte Stille. Nur das Ächzen des Pferdes ist zu vernehmen.

Dann wird es ruhiger.

Aufatmen. Das Pferd versucht aufzustehen, wiehert, und leckt dem Vater die Hand. Er klopft ihm die Flanken.

»Gut gemacht, Angel.«

Jetzt kommt Bewegung in den Stall, Begeisterung, Stimmen werden laut.

»Da guck dir mal den dicken Otto an, unseren Verwalter. Wat de alles zustande bringt. Erst stoht der Döhrenkötter, der doch'n richtiger Tierdoktor is, dösig rum und traut sich nich, un gez, guck ma da, will der sich chanz leise verkrümeln.«

»Dä schämt sich doch nur, Bennatz, dat dä Degenhardt es ihm chezeicht hat, abba wie!«

»Jau, jau, de dicke Degenhardt is schon ne Autorität; is aber auch nich immer gut Kirschen essen mit dem!«

Elisa sieht sich um, der Stall wird voller, Nachbarn treffen ein. Es hat sich schon wie ein Lauffeuer in der Bauernschaft verbreitet, dass ein teures, englisches Reitpferd an einer Kolik leidet. Und der Tierarzt nicht helfen konnte.

Elisas Vater bringt konzentriert seine Arbeit zu Ende. Dann reicht er seine beschmutzte Schürze einem Arbeiter.

Erst jetzt bemerkt Elisa die Mutter und die Schwester, die ebenfalls gebannt zugesehen haben.

Elisa schaut an sich herunter und stellt fest, dass sie nur ein Nachthemd trägt und barfüßig ist. Beschämt sieht sie zur Mutter auf. Die aber hat ihren Blick zunächst auf den Vater gerichtet, und Elisa erkennt Stolz darin.

Dann wendet sich die Mutter um. Ihre Gesichtszüge werden weich und strahlend. Elisa folgt ihrem Blick und erkennt in dem Pulk der Männer den Colonel Vernon, der die Mutter lange anschaut und sich kaum merklich in ihre Richtung verbeugt.

Das Gesicht der Mutter wird von einer leichten Röte überzogen, sie wendet sich schnell ab und ihre Augen begegnen kurz Elisas Blick.

Sie erstarrt, wartet auf das Geschimpfe der Mutter, weil sie im Durchzug steht, nur mit einem Hemd bekleidet, und eigentlich längst im Bett liegen müsste.

Doch die Mutter scheint Elisa gar nicht wahrzunehmen. Sie lächelt wieder ganz entspannt zum Engländer hinüber.

Am hinteren Stalltor lehnt lässig der Aufseher. Er starrt ebenfalls zu ihrer Mutter hinüber. *Was macht der denn hier,* denkt Elisa empört? *Sein Dienst ist längst zu Ende und außerdem wohnt er im Nachbardorf.* Als sie ein zweites Mal hinschaut, ist er weg, wie vom Erdboden verschluckt.

Inzwischen hat ihr Vater seine Arbeit beendet und sich gesäubert. Er nickt den Engländern zu, denn Elisa weiß, dass er nicht Englisch spricht.

Ernst und hoch aufgerichtet geht er durch den Boxengang. Plötzlich klatscht jemand, und alle Anwesenden folgen.

Otto Degenhardt geht im Klatschmarsch aus der Tenne heraus, ohne eine Miene zu verziehen, und betritt dann die Küche. Schweiß steht ihm auf der Stirn. »Wollte mich vor den feinen Pinkeln nicht blamieren.« Dann lächelt er. Elisa hört, wie er zu der Mutter sagt:

»So, Franziska, jetzt muss ich erst mal einen Schnaps haben. Aber nur einen, denn morgen früh um fünf Uhr ist die Nacht zu Ende! Also ab in die Falle!«

Auf einmal dreht er sich zu Anna und Elisa um und fragte donnernd: »Und ihr Dreikäsehochs? Euch will ich hier gar nicht gesehen haben!«

Beide huschen ins Schlafzimmer, das Gewitter hat sich in jeder Beziehung verzogen und alles ist noch zu einem guten Ende gekommen.

Das Fenster im Schlafzimmer steht offen. Der Regen scheint die Luft gereinigt zu haben. Der laue Windhauch, der Elisas Gesicht trifft, ist frisch, duftet nach Frühlingsblumen und frischem Grün. Elisa atmet tief durch und schläft bald glücklich und stolz ein.

Sie hat sehr deutlich gespürt, dass die Menschen ihren Vater respektierten, weil er ein tüchtiger Mann ist. Sie ist stolz auf ihn.

Doch Elisa denkt, *dass die Mutter dem fremden Engländer mehr Aufmerksamkeit geschenkt hat.*

Motivsuche

Bedrückendes Schweigen im Team. Plötzlich einsetzende Windböen rütteln an den blinden, glaslosen Fenstern. Auf dem Boden der Scheune liegendes Heu wird hochgewirbelt und tanzt in der Luft. Schlagartig ziehen dunkle Wolken auf, viel zu früh! Es ist erst 17:30 Uhr nachmittags. Ein Windstoß erfasst einen Flügel des Scheunentors, das mit einem lauten Knall gegen den Rahmen schlägt und aus den Angeln fällt.

Irgendwo poltert es. Und wieder rieselt weißer Kalk aus dem Gemäuer. Brüchige Steine fallen aus einer zur Hälfte abgerissenen Wand. So ist es seit Jahrhunderten, bis dass kein Stein mehr auf dem anderen steht. Das Haus löst sich auf. Vom Dach rutschen zwei Ziegel, gefertigt in der uralten Ziegelei in Nienberge, und landen auf dem, von Wildkräutern überwucherten Vorgarten. Das Haus stirbt langsam und begräbt Epoche für Epoche unter sich.

Jetzt setzt Schlagregen ein, kühlt die heiße Luft ab und schwemmt den Staub und Dreck in die Gosse.

»Ja, Frau Fuchs, ein Sommer voller schicksalsschwerer Begebenheiten und Spannungen für die Menschen, die auf diesem Hof gelebt haben«, durchbricht Bernd Brinkhues Stimme das Schweigen und kratzt sich gewohnheitsmäßig am Kopf. »Was war zu der Zeit anders als sonst?«

»Außergewöhnlich war die Anwesenheit fremder Reiter aus dem In-und Ausland mit ihren Pferden und Pferdepflegern. Da hatte man nicht immer den Überblick. So war es einige Jahre hintereinander, immer im Sommer. Eine ganz besondere Tradition. Die Turniere galten als Auszeichnung für Reiter, sogar als Qualifizierung zu den olympischen Spielen. Bei uns auf dem Hof kam es nur einmal vor, dass ein wertvolles Reitpferd während eines Turniers in unserem Pferdestall gepflegt wurde, weil die Stallungen am Schloss belegt waren. Das war etwas Besonderes.«

»Spannend«, meint Brinkhues.

»Die Rettung eines besonder wertvollen Pferdes könnte Neid hervorgerufen haben, zum Beispiel bei dem Tierarzt, der unfähig war, dem eben erwähnten Tier zu helfen, aber eigentlich halte ich das für unwahrscheinlich, wir können das im Hinterkopf behalten«, meint Oberkommissar Kalthöner, nimmt gewohnheitsmäßig seine Goldrandbrille ab und putzt sie sorgfältig.

»Das Motiv? Tödlicher Hass muss sich aufgebaut haben, um jemanden in einer Remise zu erschießen und zu vergraben, während sich die Bewohner auf dem Hof aufhielten. Warum dieses fürchterliche Verbrechen? Der Aufseher, der sich auch außer Dienst auf dem Hof rumtrieb, ist mir gar nicht geheuer«, wirft Kommissar Nachtigäller ein.

»Stimmt«, fügt Elisa hinzu. »Es war schon auffällig, dass die Engländer, Mister Vernon und der Pferdepfleger, in der Küche ein- und ausgingen, sich Eier und Bacon auf Mutters Kohleherd brieten, und dann natürlich auch von meiner Mutter zu einer Tasse Bohnenkaffee eingeladen wurden. Auch lautes Gelächter klang ab und zu aus der Küche und der Vater runzelte die Stirn, schwang sich auf sein Motorrad und fuhr durch die Felder. Mutter amüsierte sich über ihre mangelnden Sprachkenntnisse, und ich bekam jedes Mal ein Stück Schokolade von dem Reiter oder seinem Pferdepfleger. Das war für mich fast wie Weihnachten«, sagt Elisa und muss lächeln.

»Was ist denn mit Eifersüchteleien?«, meint Flaßkamp mit seiner hellen, durchdringenden Stimme. »Das schreit ja hier nach Liebe! Der Aufseher mit seiner Anmache und den abschätzigen Bemerkungen zu Frauen auf dem Hof. Ich sehe das auch im Hinblick auf den jungen, von ihm auf der Flucht erschossenen Gefangenen. Kaltblütig. Der Aufseher selbst scheint kein Kind von Traurigkeit gewesen zu sein. Hatte wohl auch ein Auge auf die Frau des Verwalters geworfen und dann der Engländer, den Elisas Mutter bevorzugt behandelt. So etwas kann auch böses Blut geben.«

»Sieh mal an, unser Jüngster! Der hat noch nicht vergessen, wie heiß die Sehnsucht brennen kann«, meint Nachtigäller und zwinkert Flaßkamp zu.

»Ich finde Flaßkamps Einwurf auch gar nicht schlecht, aber was ist mit dem Ehemann, dem Gutsverwalter? Ich will meinen Vater nicht belasten, das stünde mir gesetzesmäßig zu, aber da gab es schon mehrmals Türen knallen, während die Engländer da waren. Bevor die Engländer kamen, waren sie, die Engländer, den Worten meines Vaters zu entnehmen, ›Verbrecher im Frack‹. Das war damals seine Meinung. Als ich später, als junges Mädchen nach England ging, hielt er mir eine Standpauke: ›Komm mir ja nicht mit einem Engländer nach Hause! Die haben ein anderes Gebetbuch und sind ›Verbrecher im Frack!‹. Das war 1960! Stellt euch das mal vor. Natürlich wusste er sich vorbildlich zu benehmen, wenn er beruflich Kontakt mit ihnen hatte. Gegen Ende der Woche war die Atmosphäre oft angespannt. Ich habe mich dann mit einer Schokoladenspende der Engländer auf den Heuboden verzogen.«

»Wissen Sie mehr Frau Fuchs?«, fragt Brinkhues.

Elisa schüttelt den Kopf. »Das ist jetzt noch nicht relevant. Ein anderes Mal, bestimmt. Ich werde darauf zurückkommen.«

»Na, da bin ich aber gespannt, Frau Fuchs.«

»Wer ist noch verdächtig? Streit unter den Engländern? Aber da erkenne ich kein Motiv, es sei denn, dass es unter ihnen, aus nicht ersichtlichem Grund, Streit gab. Vielleicht ging es um das Pferd, um ein verlorenes Turnier, einen verpatzten

Sieg … das Tier könnte ja auch …«

»Vergiftet? Nein, nein«, wirft Elisa ein und schaut Kalthöner bewusst an. »Das war eine typische Bilderbuch-Kolik, die häufig für ein Pferd tödlich endet.

Diese Kolik wurde aber nicht durch Vergiften oder anderes Übel hervorgerufen. Es war eine Darmverschlingung. Suchen wir doch nicht nur nach dem Motiv, sondern nach der Identität des unbekannten Toten, dessen Überreste am Mittag abtransportiert wurden!«, gibt sie zu bedenken. »Wir müssen uns doch nicht nur mit den englischen Besuchern auf dem Hof beschäftigen und uns möglicherweise verrennen. Die Überreste des Toten werden uns vielleicht durch die Spuren, die er hinterlassen hat, zu seinem Mörder führen, als da wären die Ergebnisse der forensischen Untersuchungen, die allerdings noch auf sich warten lassen. Zum Beispiel erwarte ich mit Ungeduld die DNA des Opfers. Vielleicht war er mit irgendeiner, auf dem Hof lebenden Person, verwandt.«

»Eventuell mit Ihnen, Frau Fuchs«, unterbricht Tim Flaßkamp und schaut Beifall heischend in die Runde. Alle erstarren. Brinkhues rügt den Anwärter: »Ganz schön vorwitzig!«

»Nein, lassen Sie ihn«, meint Elisa lächelnd. »Er ist kreativ. Noch ist alles möglich. Aber ich war ja schon geboren, als die Engländer auf dem Hof Gast waren, wenn ich denn ein Produkt einer verbotenen Liebe sein sollte.«

Kalthöner nickt, und denkt: *Wieso wird Elisas Sprache, wenn es sich um ihre Familie handelt, so seltsam sibyllinisch?*

Brinkhues kratzt schon wieder nachdenklich seine Stoppelmähne.

Elisa hebt den Kopf und fängt einen nachdenklichen Blick aus Kalthöners kühlen, grauen Augen auf. *Warum guckt der Kalthöner mich so durchdringend an? Er rätselt über meine Bemerkungen. Soll er doch. Ich verrate nicht, was noch nicht spruchreif ist … und dann dieser Brinkhues'sche Modus Operandi, das Kratzen.*

Ob der Kollege eine allergische Hautkrankheit oder gar Läuse hat?, überlegt Elisa und verwirft mit einem stillen Lächeln sofort den Gedanken.

Nicht tatrelevant, denkt sie. *Nur eine nervöse Marotte.*

Sie räuspert sich, trinkt den Rest aus ihrer Wasserflasche, die sie stets in ihrer Umhängetasche bei sich trägt, und sagt:

»Liebe Kollegen, ich habe euch während der letzten Stunde in die Ereignisse des Sommers 1952 eintauchen lassen, euch in ein vergangenes Jahrhundert geführt. Ich habe versucht, die ereignisreichsten Wochen meiner Kindheit zu erläutern. Es ist zu früh, sich schon jetzt auf einen Täter und eine bestimmte Tatzeit zu fokussieren. Wir haben gerade erst begonnen, Spuren zu suchen und erste Zusammenhänge zu finden.

Die bisher gefundenen Spuren sind noch nicht ausgewertet. Es kann sich herausstellen, dass das Skelett viel jünger oder auch älter ist als angenommen. Also, die Ermittlungen beginnen jetzt! Warten wir doch die ersten Ergebnisse ab.«

Sie wird unterbrochen.

Alle starren Spusi Susi an, die einen Asservatenbeutel mit einem dunklen, vermoderten Teil wie eine Trophäe vor sich herträgt.

»Das haben wir gerade unter einer dünnen Erdschicht in dem Bereich des Skelettfundortes entdeckt, neben einem Rattenskelett. Kann sein, dass wir noch mehr finden. Wir müssen Schicht für Schicht absuchen. Eine Menge Erde ist durch die Baggerschaufel von oben in die Grube gerutscht. Dieses Fundstück hier scheint aus Leder zu sein, ist eventuell Reststück eines Gürtels, vielleicht von Nagetieren angeknabbert. Hartes Leder, eher ein Stück eines Männergürtels, oder …«

»Cowboygürtel«, platzt es aus Flaßkamp heraus.

»Platzverweis«, donnert Brinkhues und wird rot im Gesicht.

»Du hältst jetzt mal die Klappe.«

»Gürtel, dickes Leder, breit? Das könnte doch durchaus auf

einen Soldaten – also einen Reiter in Uniform deuten«, fügt Kalthöhner, sonst eher zurückhaltend, hinzu.

»Das ist nur eine vage Vermutung«, sagt Brinkhues abwehrend, und Elisa nickt zweifelnd.

»Wir werden sehen …«

Brinkhues reicht den Asservatenbeutel, nachdem er den Inhalt mit Argusaugen betrachtet hat, weiter.

»Danke Frau Potthoff. Vielleicht ist es ein Beweisstück. Unser Spezialist, Kai Hagedorn von der KTU in Münster, wird uns darüber mehr sagen können.«

Er atmet hörbar durch, erhebt sich und sieht in die Runde: »Heute wird es Überstunden geben, Leute. Das betrifft uns alle. Vor Einbruch der Dunkelheit sichern wir noch so viele Spuren wie möglich und bringen sie zur KTU Münster. Die Sicherung des Tatortes in der folgenden Nacht ist ein anderes Problem. Sie ist vom Gesetz vorgeschrieben. Wir klären das später.«

»In Ordnung«, sagt Susi Potthoff, ich bespreche das mit meinem Team.

Sie geht an ihre Arbeit.

Der neue Spurenfund führt zu regem Meinungsaustausch.

Brinkhues mahnt: »Lasst uns noch den Bericht von Frau Fuchs zu Ende hören. Frau Fuchs…«, er nickt Elisa zu.

»Der Fund lässt uns auf weitere Spuren in dieser Mordgeschichte hoffen. Um Mord handelt es sich, sonst hätte der Schädel des Opfers nicht ein Ein- und Ausschussloch, in je einer Schläfenseite, und Mord verjährt nicht. Priorität: Präzise Ermittlungsarbeit: Wer war wann, wo, zu welchem Zeitpunkt, und warum auf dem Hof, hatte ein Motiv?

Mein Bericht aus dem Sommer 1952 fußt auf zum Teil dramatischen Begebenheiten. Er begann mit dem Tod des Gefangenen, und, ganz aufregend, dem Ereignis des internationalen Reitturniers mit den fremden Menschen auf dem

Hof und im Dorf.

Das Skelett kann älter sein, als wir jetzt annehmen, und zum Turnier muss kein Zusammenhang bestehen.«

»Stimmt«, sagt Brinkhues. »Wir werden die Ergebnisse der Kriminaltechnik und der Spezialisten der Gerichtsmedizin, speziell der Forensik abwarten. Aber die Spusi hat eben in der Grube Leder, eventuell das Stück eines Gürtels gefunden.«

»Das könnte ein Fragment des Gürtels eines Reiters oder eines Soldaten sein«, fügt Nachtigäller hinzu.

»Aufwachen! Das hatten wir schon Nachtigäller«, sagt Brinkhues.

»Natürlich, unser Mann aus Warendorf, der Stadt der Pferde, mag Recht haben. Es wimmelt hier nur so von Reitern. Doch der Gedanke eines flüchtigen Soldaten ist auch nicht abwegig. Wir werden jedem Hinweis nachgehen. Ein guter Kriminaltechniker, ausgestattet mit den heutigen Untersuchungsmöglichkeiten, wird uns das Alter des Lederteils bald verraten.«

»Ich regte an«, fügt Elisa hinzu, »dass wir zunächst die Rentei des Schlosses, also die Verwaltung dieses Gutes, aufsuchen mit den Fragen:

Wer hat wann hier an Turnieren teilgenommen?

Wer war in den Fünfzigern hier auf dem Hof beschäftigt, hat sich hier aufgehalten?

Wer von den Reitern und Pferdepflegern hat sich nach den jährlichen Turnieren, es gab mehrere, vorschriftsmäßig an -, aber auch abgemeldet?

Zum Tatort, Haus und Grundstück: Wir sollten morgen in der Gemeindeverwaltung in Erfahrung bringen, wer in den letzten Jahrzehnten den Hof gemietet, gekauft oder gepachtet hat.«

»Und seit wann der Hof leer steht, und wer ihn vollkommen hat verkommen lassen«, ergänzt Brinkhues kopfschüttelnd.

»Ich weiß, wer noch vor acht Jahren hier wohnte«, sagt Elisa.

Alle starren sie an.

»Als ich vor acht Jahren mit meinen Kindern Schlossberg besuchte, bin ich hier vorbeigefahren, weil ich meiner Familie die alte Heimat zeigen wollte. Eine nette Dame, sie hieß Teichkötter, führte uns durch das Haus.

Sie hatte 1996 mit ihrem Mann den Hof zu einem Reiterhof umfunktioniert. Alles war modernisiert und gepflegt. Es gab sogar fließendes Wasser! Die Pumpe, in der Mitte des Hofes, an der ich als Kind immer Wasser holen musste, war nur noch Dekoration. Was danach mit dem Hof passierte, werden wir auch noch herausfinden. Nur weil ich als Kind schlecht geträumt habe und in einer Gewitternacht verdächtige Geräusche aus der Remise hörte, deutet das nicht auf ein Verbrechen hin. Ich hatte schon immer eine blühende Fantasie, aber ich gebe alles.« Befreiendes Gelächter in der Runde. »Okay, Frau Fuchs.«

»Wird oder wurde in den letzten Jahrzehnten in dieser Bauernschaft jemand vermisst?«

»Das wissen wir nicht.«

»Fazit: Recherchieren, recherchieren, recherchieren. Das volle Programm. Wir ermitteln in alle Richtungen. Ich fahre heute Abend ins Präsidium Münster und durchsuche zielorientiert die Vermisstendatei nach Fällen aus diesem Gebiet, die zu unseren bisherigen Erkenntnissen, und der bisher angenommenen Todeszeit des Knochenmannes passen könnten.

Leider fehlen uns hier in der Ruine einige technische Möglichkeiten.

In diesem provisorischen Besprechungsraum«, Brinkhues deutet auf die Scheune und den Speicher, »fliegen bei jedem Windstoß kleine Heubündel auf meine Tatortmappe.« Er wischt sie verärgert weg.

Als sich das Team laut diskutierend vom Leiterwagen erhebt und eine Mistgabel vom rostigen Haken an der Wand auf den

Boden knallt, ergreifen die im Heuboden lauernden Katzen erschreckt die Flucht.

»Ran an die Arbeit, Leute, ans ›Klinkenputzen‹! Das ist immer noch der wirkungsvollste Weg, ohne Technik Verborgenes aufzustöbern«, ruft Brinkhues, greift zum Handy und telefoniert mit seiner Dienststelle.

Max Teufel

Lärm unterbricht die angeregte Diskussion des Teams über weitere Ermittlungsstrategien.

Bernd Brinkhues winkt jemanden zu und ruft mit voller Lautstärke:

»Max, Teufel auch, was machst du denn hier?«

Alle drehen sich um.

»Ihr habt es hier aber gemütlich. Eine Scheune und sogar einen Stromanschluss. Wildromantisch.«

»Hoffentlich bringst du besseres Wetter mit. Den Stromanschluss hat uns die Abrissfirma freundlicherweise dagelassen. Aber sag mal? Was machst du hier in diesem abgelegenen Ort?«, fragt Brinkhues verblüfft.

»Purer Zufall! Aber erinnerst du dich an unseren Kommissar-Lehrgang auf der Polizeiakademie in Münster Hiltrup? Wann war das nochmal?«

»1971, und abends haben wir Münsters urige Kneipen unsicher gemacht.«

»Ja, war ne schöne Zeit. Berichte mal, was dich herführt? Habe gehört, du bist Hauptkommissar im K1 Gelsenkirchen. Hast du dich hierhin verfahren?«

»Stimmt fast. Du wirst es nicht glauben, ich wollte hier Urlaub machen mit … Elisa Fuchs.«

Stille.

Alle sehen Elisa an.

»Ich war ihm in zwei Fällen als Sonderermittlerin zugeteilt«, sagt Elisa knapp.

»Ach so«, tönt es in die Runde, als ob alles klar wäre.

Die Crew atmet auf.

Max begrüßt Elisa. Interessiert schaut er sich in der Scheune um. Sein Blick schweift umher und bleibt an der Leiter haften, die zum Heuboden führt. Interessiert schaut er nach oben.

»Ist das der Speicher, Elisa, auf dem sich vor über hundert

Jahren jemand erhängt hat, festgefroren, und erst im Frühjahr wieder aufgetaut ist?«

Alle starren Max an.

»Ach Max, immer diese alte Geschichte«, wehrt Elisa ab.

»Was ist das denn für eine Story?«, fragt Brinkhues. »Ist sie relevant für unsere Ermittlungen, Frau Fuchs?«

»Nein, höchstens dafür, dass der Ort hier sehr geschichtsträchtig ist. Ich habe sie Max während der letzten Ermittlungen im Fall einer Kindesentführung im Februar erzählt. Über die Geschichte wurde während meiner Kindheit oft hinter vorgehaltener Hand gemunkelt. An kalten Winterabenden, wenn das Feuer im Kanonenofen prasselte, denn wir hatten kein Fernsehen und als Zeitfüller wurden Spiele gespielt, Rätsel geraten, Geschichten erzählt und die Mädchen mussten häkeln, sticken oder stricken.«

»Was denn für Geschichten?«, fragt Flaßkamp wissbegierig.

»Dass sich hier auf dem Hof, vor über hundert Jahren ein Drama abgespielt haben soll.«

»Was genau war damals passiert?«, fragt Kalthöhner, setzt seine Brille ab, putzt sie eingehend und guckt Elisa dabei interessiert an.

»Also gut. Ein Pächter konnte die Pacht nicht zahlen. Als er verschwand, war eiskalter Winter. Seine Leute nahmen an, dass er die Fliege gemacht hätte, um seinen Schulden zu entgehen. Als es im Frühjahr, statt nach lieblichen Narzissen, fürchterlich stank, fand man die verwesende, erhängte Leiche auf einem alten Speicher. Der Erhängte taute langsam auf. Das war's auch schon. Alte Story. Wir können wieder zur Tagesordnung übergehen.«

Flaßkamp ist plötzlich verschwunden.

»Der schaut doch wirklich nach, ob da oben einer hängt«, lacht Brinkhues.

Draußen hat sich das Wetter beruhigt.

Die plötzlich aufgetreten Regenschauer und Windböen vom frühen Nachmittag haben das Weite gesucht. Endlich herrscht wieder Ruhe nach dem Sturm.

Am Himmel wird es heller und am Horizont leuchten die weizenfarbenen Kornfelder auf, gespickt mit dem Rot und Blau von Klatschmohn und Kornblumen. Max gefällt, was er sieht. Er wendet sich den Kollegen zu. »Na, habt ihr denn schon Täter und Opfer identifiziert?«, fragt er und blickt in die Runde.

»Du kommst uns gerade recht, Max. Ich brauche noch einen Kollegen, der den Laufburschen macht«, lästert Brinkhues mit einem Lachen in den Augenwinkeln.

»Große Ehre. Ein verlockendes Angebot von dem sprichwörtlich bekannten ›Löwen des K1 Münster‹. Danke, Bernd. Ich würde es gerne machen, aber du kennst doch die Anträge, und wie sie auf dem Dienstweg stocken und stocken wie zäher, klebriger Grießbrei.«

»Da mach dir mal keine Sorgen, ich habe da einen besonderen Draht.«

»Versuch es und bis dahin bin ich euch schon ab sofort behilflich.«

Elisa wirft ein: »Du kannst morgen in die hiesige Verwaltung gehen und mit einer Liste der Teilnehmer wiederkommen, die sich während der fünfziger Jahre hier auf dem Hof aufhielten oder beschäftigt waren, als hier ein großes Reitturnier stattfand.

Ich kann dir helfen, denn einige kenne ich. Und dann ist da auch noch zu klären, wer damals Gefangenenaufseher war, und was aus ihm geworden ist. Natürlich gespickt mit Vorstrafen, Sterbedaten, et cetera pp.«

»Ich sehe schon, ich soll dein Lastenesel sein.«

»Alles gut«, meint Brinkhues. »Kollegen, wir wollen hier

absichern und dann einpacken. Ich muss noch eine Streife ordern, die nachts den Tatort kontrolliert.«

»Kann ich helfen?«, fragt Max.

»Gerne.«

»Ich ruf in der Zwischenzeit in Ennigerloh an wegen der Polizeistreife. Wir sehen uns alle um 19 Uhr, pünktlich zur Pressebesprechung bei ›Beerenkötter‹ am Marktplatz. Du bist natürlich auch eingeladen«, Brinkhues wendet sich an Max. »Denn du musst ja auf dem Laufenden sein, wenn du uns ab jetzt unterstützt.«

Er dreht sich noch einmal herum: »Haltet euch noch bedeckt, Kollegin und Kollegen. Bisher haben wir nur einen unbekannten Toten. Mehr geben wir nicht bekannt.«

Alle stehen auf, rüsten sich zur Fahrt ins Dorf, als plötzlicher Motorenlärm sie aufschreckt. Verstört drehen sie sich um.

Mit hoher Geschwindigkeit rast ein schweres Motorrad durch den Feldweg, wirbelt Dreck auf, kommt direkt auf die Einfahrt zu, nimmt die Kurve, schleudert, bremst. Der Fahrer zieht blitzschnell eine Waffe, stellt kurz den linken Fuß auf, drückt zweimal ab und rast mit heulendem Motor davon. Wilde Katzen, die im Heu gedöst haben, springen fauchend auf und ergreifen die Flucht. Dieser Ort ist ihnen nicht geheuer.

Ein Geschoss landet in der Seitenwand der Scheune, der zweite Schuss reißt ein Loch in die PVC-Abdeckung des Tatortzeltes.

Ein Schrei!

Spusi Susi stürzt entsetzt aus dem Zelt. Drei Kollegen eilen auf sie zu. Die Spurensucherin stolpert, ist einer Ohnmacht nahe.

Mit rasender Geschwindigkeit verschwinden das schwarze Bike und ein ebenfalls schwarz behelmter Fahrer in einer dichten Staubwolke.

Der Spuk ist vorbei. Er hat nur Sekunden gedauert. Der

Schrecken ist allen ins Gesicht geschrieben.

Für einen Moment stehen sie mit offenem Mund da. »Der Mistkerl hätte mich fast getroffen!«, schreit Spusi Susi. »Ich lag Gott sei Dank im Zelt auf den Knien, verfolgte eine Spur am Boden, sonst …« sie schaut auf das Loch über sich, neben dem Zelteingang. Kreidebleich und zitternd steht sie da. Elisa reicht ihr ein Glas Wasser.

»Es ist das erste Mal, dass im Dienst auf mich geschossen wurde. Kann gut drauf verzichten«, sagt's, schüttelt die Erinnerung ab, zündet sich eine Kippe an, und geht wieder ihrer Arbeit im Tatortzelt nach.

»Wie lange haben Sie voraussichtlich noch mit Ihren Kollegen hier zu tun?«, ruft Brinkhues ihr zu.

»Wir sichern die frischen Geschosse des Anschlags und werden deshalb mit der anderen Arbeit heute nicht mehr fertig.«

Jetzt kommt Leben in die Truppe. Die Geschosse werden gefunden und gesichert.

»Da ist aber jemand in großer Sorge, mag uns gar nicht«, donnert Brinkhues und fährt mit der Hand durch seinen dichten Haarschopf.

»Hammer! Ich glaube, das war ne geile alte BMW R25 aus den Fünfzigern«, ruft der Anwärter dazwischen. »Die Vorgängermaschine war die BMW R35. Die BMW R25 wurde ab 1950 hergestellt, kostete 1750 Reichsmark und wurde schon 1951 durch die BMW R25/2 ersetzt. Das ist eine Rarität!«, ruft der Anwärter dazwischen.

Aus den Überlegungen herausgerissen, starrt das Team ihn an. »Mensch, Tim, das ist doch schon mal eine prima Ansage.«

Der Chef schüttelt bedenklich den Kopf: »Auf unseren Fall bezogen, und nach dem gemeinen Mordanschlag, den wir überlebt haben, sind wir verpflichtet, den Tatort in der kommenden Nacht zu schützen und zu bewachen. Da geht kein

Weg dran vorbei.«

»Genau! Nach §94 und §163 Strafprozessordnung!«, betont Flaßkamp. »Das haben wir für die letzte Klausur gebüffelt. Demnach müssen wir nach dem Gesetz alle, keinen Aufschub gestatteten Anordnungen treffen, um die Verdunklung der Sache zu verhüten. Und das bedeutet, alle Spuren müssen gesichert sein, ehe wir hier die Arbeit beenden und den Tatort Rowdys oder den Baggerschaufeln überlassen.«

Flaßkamp sieht aufgeregt und mit roten Wangen in die Runde der Kollegen, die ihn verblüfft anstarren.

»Ich mach das«, sagt er.

»Was machst du? Was meinst du damit?«, fragt Brinkhues.

»Was ich mache? Natürlich den Tatort bewachen, Chef!«

»Streber!« Elisa muss laut lachen. »Hast du etwa einen Schlafsack dabei, Kleiner?«

»Kleiner? Ich bin Anwärter!«, protestiert Flaßkamp.

»Ist ja schön und gut Tim. Du und deine Ideenschmiede! Jetzt verhalt dich mal einen Moment ruhig. Ich muss überlegen«, sagt Brinkhues genervt. »Ich melde den Vorfall der Bezirkspolizeidienststelle Ennigerloh und bitte für die Nacht um Unterstützung.«

Er geht zu seinem Fahrzeug und nimmt Funkkontakt mit Ennigerloh auf. »Polizeidienststelle Ennigerloh, Polizeihauptkommissar Pothmann, was kann ich für Sie tun?«

»Brinkhues, Kripo Münster. Kollege, wir sind gerade einem Mordanschlag entkommen und befinden uns mit unserer SOKO ›Remisentod‹ am Tatort in Schlossberg, in der Bauernschaft 45.«

»Verstehe, habe schon davon gehört. Der Skelettfund, und jetzt ein Anschlag auf Sie?«

»Ja, zwei Schüsse. Einer hat knapp unsere Frau Potthoff von der Spusi verfehlt.«

»Da muss die Mordkommission Münster ran.«

Lautes Geknatter im Funkkanal.

»Der war gut, Kollege. Wir sind die Mordkommission!«, schreit Brinkhues. Er schluckt.

»Wir haben ein anderes Problem. Nach dem Gesetz muss das Gelände über Nacht bewacht werden.«

»Haben Sie Hinweise auf den Täter, der Sie attackiert hat? Beschreibung?«, fragt Pothmann unbeeindruckt.

Brinkhues seufzt. »Unbekannt. Ein verrückter Motorradfahrer, vermutlich auf einer alten BMW R25, schlank, schwarze Motorradkleidung, bewaffnet, rast durch die Felder und spielt Wildwest.«

»Ach so«, sagt Pothmann gedehnt.

»Nach dieser Beschreibung und der legendären Maschine fahnden wir seit einiger Zeit. Es liegt ein Haftbefehl unter dem Pseudonym ›Der schwarze Biker‹ vor. Der gefährliche Typ macht nachts, wie ein unruhiger Geist, mit seinem Motorrad die Gegend unsicher. Moment, ich schau mal nach, da war doch noch etwas. Ja, ich hab's. Dieses Phantom ist gestern, Sonntag, 23:45 Uhr, mit gezogener Waffe in eine Freckenhorster Tankstelle gestürmt, hat den Kassierer bedroht, Geld erpresst und ist dann wie der Teufel auf und davon. Der Kassierer, ein sechzigjähriger Mann, ist vor Schreck kollabiert und mit einem Herzinfarkt ins Warendorfer Krankenhaus eingeliefert worden. Räuberische Erpressung, und jetzt ein Mordanschlag auf Polizeibeamte. Das passt zum Täterprofil! Die Fahndung ›Unbekannter Biker‹ läuft«, knurrt er in den Apparat.

»Noch eine Frage Kollege: Sie kennen sich doch mit Ihrer Klientel hier in diesem Bezirk bestens aus. Haben Sie vielleicht einen begründeten Verdacht, wer hier solch einen gefährlichen Unsinn verzapft?«

»Ich kann nicht hellsehen, aber die Kamera an der Tankstelle hat den Überfall erfasst. Allerdings war der Biker so schnell, dass die Bilder nur verwischt auf der uralten Überwachungskamera zu erkennen sind. Der Streifen wird überprüft. Wir ermitteln und bekommen morgen von den Experten aus Münster Bescheid.«

»Prima, meine Kollegen aus Münster«, meint Brinkhues gedehnt. »Da hak ich selbst sofort mal nach.«

»Zu ihrer Frage ›Tatortsicherung‹, Kollege Brinkhues, das geht klar. Eindeutig Gefahr im Verzug! Es dürfen keine Beweismittel verloren gehen. Moment mal, ich schau in den Dienstplan. Ich stelle für heute Nacht zwei Streifenbeamte ab. Sie sind von 21 Uhr bis 6 Uhr vor Ort. Einer der Kollegen bleibt am Tatort und der Zweite bleibt im Polizeifahrzeug in Funkbereitschaft.«

»Ausgezeichnet. Das passt. Danke. Wir bleiben in Kontakt. Ende.«

Um genau 20:45 Uhr verstaut die Spusi unter Leitung von Kommissarin Potthof ihr Equipment im Wagen, und bereitet sich auf die Heimfahrt nach Münster vor.

Nach der Versiegelung des Tatortzeltes und der Überprüfung und Verstärkung der Absperrung, begibt sich Brinkhues mit seinem Ermittlerteam auf den Weg ins Dorf.

Es ist 21:45 Uhr, als sich langsam ein Polizeiwagen dem Bauernhof nähert. Der Schotter des Abrissgeländes knirscht unter den Reifen des Streifenwagens. Er parkt in dichtem Gebüsch, unter einer der drei mächtigen Eichen, die den Hof umgeben. Die Lichter des Streifenwagens erlöschen.

Bald fällt das kalte Licht des Mondes auf das weiße Zelt und die zerstörten Mauern der Ruine. Wie stille Wächter schleichen die wilden Katzen ins Heu zurück.

Flaßkamp spielt Theater

Um 21 Uhr sitzt das Team bei westfälischem ›Speckpannkauken‹, Salat und Altbier in der gemütlichen Dorfkneipe Schlossbergs.

Elisa strahlt. Sie trinkt ihre heiß geliebte Altbierbowle.

»Wie kann man nur so etwas trinken?«, fragt Max.

»Damit bin ich aufgewachsen«, sagt sie und schaut ihn kopfschüttelnd an.

Er legt beschwichtigend seine Hand auf die ihre und sieht sie einen Moment zu lange an.

Die anderen des Teams zwinkern sich zu und schweigen.

Hauptkommissar Brinkhues klopft an sein Bierglas: »Liebe Kollegen, liebe Kollegin, ich habe einige Anmerkungen zum Pressegespräch. Wir machen es kurz, aber spannend. Neben der Hauptmeldung ›Leichenfund in Schlossberg‹ können wir erwähnen...«

»Todesschüsse eines schwarzen Bikers auf das Ermittlerteam«, trompetet Anwärter Tim laut in den Raum.

Aufschrecken, dann Ruhe der Gäste an den anderen Tischen. Neugierige Blicke durchbohren das Team.

»Was sind das denn für welche? Wo kommen die her?« Flüstern, wie beim ›Stille Post Spiel‹ setzt ein. Stühle werden näher gerückt und Hörgeräte in Position gebracht. Man wartet auf eine Gruselstory. Hier im Dorf passiert selten etwas. Schon jetzt stellen sich die Nackenhaare einiger Gäste auf.

Vergebens, keine Neuigkeiten mehr, die Fremden schweigen.

»Bist du von allen guten Geistern verlassen, Tim Flaßkamp?«, zischt Hauptkommissar Brinkhues.

Das Interesse im Raum flammt erneut auf. Es wird wieder

mucksmäuschenstill.

Flaßkamps Gesicht färbt sich rot, aber seine Phantasie kennt keine Grenzen. Er möchte den Fehler wieder gut machen, steht auf und deklamiert: »Meine Damen und Herren, entschuldigen Sie meinen lauten Ausruf von eben.«

Gespannte Aufmerksamkeit im Gastraum.

Was macht er denn jetzt schon wieder?, denkt Elisa.

»Wir«, Flaßkamp zeigt auf den Tisch, »sind eine Theatergruppe und üben gerade unsere Texte. Mein Einsatz war leider falsch und zu laut. Entschuldigung nochmals.«

Die Gäste sind begeistert und klatschen wie wild. Endlich ist hier mal was los.

»Nebenraum«, knurrt Brinkhues, die Adern an seiner Stirn quellen hervor. Er steht ruckartig auf, sein Stuhl kippt nach hinten. Er hält ihn auf, zieht Flaßkamp am Ärmel mit sich und deutet auf die Tür mit der Aufschrift ›Skatrunde‹.

Das Team folgt ihm. Die Bedienung bringt Speisen und Getränke in den separaten Raum.

»Was hast du dir dabei gedacht!«, ruft Brinkhues grimmig. »Bald sind wir hier bekannt, wie eine bunter Hund. Es gibt einen Dienstverweis, wenn das noch einmal vorkommt!«

»Ja Kollege«, meldet sich Elisa zu Wort, »das ist ärgerlich. Wir haben in Gelsenkirchen auch einen eifrigen Anwärter, der manchmal vorschießt, aber trotzdem auf dem Weg ist, ein guter Kriminalbeamter zu werden.«

»Danke«, sagt Flaßkamp leise und betreten.

»Ich denke«, fügt Elisa noch hinzu, »dass wir Ihre Formulierung zur Kurzmeldung für die Presse: ›Unbekanntes Skelett in den Trümmern eines alten Bauerhofs entdeckt‹, gut veröffentlichen können. Was Kollege Flaßkamp sagte …«

»Tim für Sie.« Flaßkamp schaut sie dankbar an.

»Aber das Motorrad hätte ich jetzt noch nicht erwähnt, der Täter wird sich verbergen, untertauchen, doch jetzt ist es raus!

Darum können wir ohne weiteres bekannt geben, dass ein unbekannter Motorradfahrer – ohne Angabe des Fahrzeugtyps - Schüsse auf das Ermittlerteam am Tatort abgegeben hat. Es wird eine Untersuchung wegen versuchten Mordes beziehungsweise versuchten Totschlages eingeleitet. Ende.«

»Ja, wir leben alle noch«, grinst Kalthöner ungewöhnlich verschmitzt, »und darauf bestelle ich eine Runde.«

»Ich stimme mit Frau Fuchs überein. Wenn wir jetzt schon den genauen Typ des Motorrads über die Presse hinausposaunen, es handelt sich schließlich um ein seltenes Sammlerstück, wird der Täter sich und den Oldtimer verbergen. Er soll nicht wissen, was wir wissen. Fahndungsmäßig nutzen wir natürlich unser Polizeinetz, also das ganze Programm. Die Fahndung nach dem Bike läuft bereits«, fügt Brinkhues hinzu.

»Wir fragen zunächst bei den zuständigen Behörden nach. Wo, wie, und ab wann ist das Motorrad angemeldet, wem gehört es? Ist es überhaupt noch angemeldet, das alte Ding?«, wirft Heinrich Nachtigäller in die Runde.

»Ja, das Motorrad kann vom Alter her gar nicht vom Täter des Remisenopfers gefahren worden sein, kann ihm aber früher gehört haben. Das Skelett soll zwischen 40 und 50 Jahre alt sein, genauso alt wie das Bike«, meint Elisa.

»Wir haben das Jahr 2004. Wenn die Verdächtigen im Mordfall – Aufseher, Reiter, Hofarbeiter - in den frühen Fünfzigern, zwischen 30 und fünfzig Jahre alt waren, müssten sie jetzt 80 oder 90 Jahre auf dem Buckel haben«, fügt Max hinzu.

»Und sitzen eher im Rollstuhl und jagen nicht mit einer schweren BMW R25 von 1950 herum«, meint Elisa.

»Wahrscheinlich liegt der Täter selbst schon unter der Erde. Mit unseren Ermittlungen lösen wir eventuell das Geheimnis des Opfers aus der Remise und befreien Angehörige nach

Jahrzehnten aus ihrer Ungewissheit«, meint Max.

»Der Motorradfahrer oder die Fahrerin könnte ein Familienangehöriger, zum Beispiel ein Sohn, eine Tochter oder ein Neffe des Täters sein«, sagte Elisa.

»Warum?«, fragt Brinkhues.

»Vielleicht um ein dunkles Familiengeheimnis zu bewahren.«

»Ich schätze, das Motorrad steht jetzt wieder gut abgedeckt irgendwo in einer Garage oder Scheune«, meint Max.

Alle nicken.

»Ist im Moment alles klar?«, fragt Brinkhues. »Erste Priorität ist, dass der Schütze nicht wissen soll, was wir wissen. Vielleicht ärgert er sich auch, wenn die Schießerei sprichwörtlich nicht so groß an die Glocke gehängt wird, denn die hiesige Zeitung heißt ›Die Glocke‹.«

»Der Schütze könnte seine Tat auch im Internet posten und damit prahlen«, meint Flaßkamp.

»Gute Aufgabe für dich, um nachzuforschen, Tim«, überlegt Brinkhues.

»Ich weiß aber noch etwas«, sagt Flaßkamp mit seiner hellen, durchdringenden Jungenstimme.

»Psst, Tim, nicht so laut«, tönt es aus der Runde.

»Der Biker trug einen alten schwarzen ›Bill Helm‹ aus Kalifornien mit rot-gelben Streifen seitlich, ein Sammlerstück, Vintage«, flüstert er, beinahe andächtig.

Das Team staunt.

»Mann, hast du Augen, prima. Das muss mal gesagt werden, Junge«, meint Brinkhues und klopft seinem Anwärter beinahe väterlich auf die Schulter.

»Also Aufgabenverteilung für morgen:

Elisa und Max erfragen in der Schlossverwaltung, welche Personen zu Beginn der Fünfziger auf dem Hof waren. Alle Arbeiter und Arbeiterinnen gehören dazu. Sie sind in den

Akten der Rentei vermerkt. Hinzu kommen natürlich die Reiter, als Gäste, die sich zu den Turnieren an- und abmelden mussten.

Du, Heinrich, horch doch einmal herum, wer hier in der Gegend Motorradfan ist? Du kannst auch, bevor wir aufbrechen, die Wirtin ausfragen. Vielleicht stößt du mit deinem Charme auf Neuigkeiten. Am Tresen wird viel gelabert.«

»Anschließende Überprüfung der Kfz-Ämter eingeschlossen«, fügt Kalthöner hinzu.

»Vielleicht bringst du, Kollege Nachtigäller, sogar jemanden zum Singen«, lacht Brinkhues.

Jetzt freut sich auch der Anwärter, ist dieses Mal nicht Zielscheibe des Spotts.

»Die Überprüfung nach Knöllchen ist selbstverständlich. Vielleicht ist der Raser bei Rot über eine Ampel gefahren.« Brinkhues wendet sich an Flaßkamp.

»Ich werde am Tatort nach der Munition suchen, natürlich mit dir, Tim. Du hast ja einen guten Blick. Wie uns Professor Nekrosis voraussagte, könnte in den noch übrig gebliebenen Mauern der Remise noch ein Geschoss und eventuell die dazu gehörende Geschosshülse stecken.«

Die Aufgaben sind verteilt. Das nachfolgende Pressegespräch verläuft in ihrem Sinne.

Ein aufregender Tag neigt sich dem Ende zu. Die Beamten Bernd Brinkhues, Karl Kalthöner, Heinrich Nachtigäller und Tim Flaßkamp fahren nach Hause in die nahe gelegenen Orte.

Max und Elisa bleiben im Hotel. Es ist mitten in der Nacht, als Elisa durch Motorradlärm aufgeschreckt wird. Jemand rast wie verrückt um den Kirchplatz. *Der schwarze Biker!*, schießt es ihr durch den Kopf.

Die Klinke ihrer Zimmertür knarzt. Sie öffnet sich Zentimeter für Zentimeter. Lautlos schlüpft jemand hinein. Sie setzt sich auf, erschrickt bis ins Mark.

Im Lichtschein des Flurs erkennt Elisa die Umrisse. »Max!«

Er kommt zu ihr ans Bett, legt einen Arm um sie und flüstert: »Alles wird gut, Elisa. Wir klären den Fall.«

»Natürlich«, murmelt sie. »Was denkst du denn«, und schläft beruhigt in seinen Armen ein.

***

In der Bauernschaft zwischen Schlossberg und Ennigerloh setzt sich ein Motorrad in Bewegung. Der Scheinwerfer der schweren Maschine ist abgeschaltet. Brandgefährlich!

Die Turmuhr der Schlossberger Kirche schlägt dreimal. Der behelmte Fahrer des Motorrads stoppt am alten Gehöft, schaut sich um.

Leicht überwindet er die Absperrung und versteckt sein Bike hinter dem alten Backhaus, in dem drei Jahrhunderte lang geräuchert, Brot gebacken und über prasselndem Feuer auf Holzrosten Fallobst getrocknet wurde.

In dieser fast mondlosen Nacht ist seine dunkle Silhouette zu erkennen, die sich, vorsichtig tastend, in Richtung Scheune bewegt.

Aufgeschreckt fahren die Katzen, eine fette Ratte am Regenrohr verfolgend, auseinander.

Der nächtliche Besucher huscht in der Scheune herum, durchsucht die provisorischen Arbeitsplätze der Ermittler, wendet sich ab und geht auf das Tatortzelt zu.

Nur kurz flammt seine Taschenlampe auf, beleuchtet den Riss des Schusswechsels des vergangenen Nachmittages. Das Reißen der Plane und des Polizeisiegels ist kaum zu vernehmen.

Der Unbekannte versucht in die Grube hinunter zu sehen, verharrt einen Moment, nicht ahnend, dass er beobachtet wird.

Plötzliches Knacken von Zweigen und ein die Stille zerschneidender Befehl: »Polizei! Stehen bleiben!«

»Hände hoch, oder ich schieße!«

Der Eindringling erstarrt.

Ein Polizeibeamter nähert sich mit gezogener Waffe. Geblendet vom grellen Licht der LED Taschenlampe des Polizisten macht der Biker einen Satz und rennt zu seiner Maschine.

»Stehen bleiben!« Ein Warnschuss fegt über den Flüchtenden hinweg und trifft die knorrige Rinde einer Eiche. Kork splittert und platzt ab.

Das Aufheulen des Motorrads verliert sich in den sandigen Pfaden, von denen die Felder umgeben sind.

»Durch die Kornfelder kann ich den Irren nicht verfolgen«, ruft der Streifenführer seinem Kollegen zu und schwingt sich in den Einsatzwagen.

»Bleib am Tatort, Marc. Ich kenn mich hier aus. Ich versuche, dem Flüchtigen den Weg abzuschneiden!«

Er braust los. Weit leuchtet das Blaulicht, stößt grelle Blitze in den Nachthimmel, während sein Kollege Fingerspuren am Zelteingang und in der Scheune, am provisorischen Arbeitsplatz der Ermittler, sichert.

Es ist Montag, der 16. August 2004, 03:20 Uhr.

Der schwarze Biker ist wieder auf der Flucht.

Der verschwundene Colonel

»Neuigkeiten«, verkünden Elisa und Max außer Atem, als sie am frühen Vormittag mit einer Liste in der Hand wieder am Tatort eintreffen.

»Von den Reitern und Pferdepflegern, die an den Turnieren der frühen Fünfziger teilnahmen, haben sich bis 17 Uhr alle Beteiligten beim Veranstalter in der Schlossverwaltung abgemeldet. Das war am Samstag, dem 13. September 1952.«

»Aber es gibt da einen Haken. Die englische Crew gab nach erfolgreichen Turnieren stets eine kleine Party, die in dem Jahr im Hof ›Drei Eichen‹ stattfand.«

»Frau Stütter vom Schlossverein, die auch privat der Historie Schlossbergs verbunden ist, ist der Meinung, dass bei diesen Anlässen nie an westfälischem Doppelkorn oder Brandy gespart wurde. ›Die Gäste waren meistens voll wie die Haubitzen‹, Frau Stütters O-Ton. Der eine oder andere könnte auf der Strecke geblieben und später abgefahren sein«, berichtet Elisa.

»Was ist mit den Personen, die zu der Zeit auf dem Gut gelebt oder beschäftigt waren?«, fragt Brinkhues.

»Fast alle sind inzwischen verstorben. Wir haben hier eine Liste mit fünf Personen, die wir noch befragen möchten. Da wäre Elisa und ihre Familie …«

»Meine Eltern sind tot. Meine älteren Brüder auch. Meine ältere Schwester ist schwer erkrankt, sie wird sich nicht mehr erinnern können und kann nicht befragt werden.

Da bleibe ich als einzige Zeitzeugin zurück mit dem Arbeiter Alwin Stöcker und der Frau des Schweinehirten, Elena Gutzke.

Frau Gutzke ist 88 Jahre alt und wohnt in dem Altenheim ›Maria Zuversicht‹ in Warendorf. Alwin Stöcker lebt hier in Schlossberg, direkt hinter der alten Wassermühle und den

Kuhställen.«

Elisa zeigt auf einen Feldweg, der an einem alten Gebäudekomplex aus rostfarbenen Backsteinen endet.

Sie erinnert sich: »Dort waren die Kühe untergebracht. Jeden Abend holten wir Kinder unsere frische Milch mit Milchkannen aus blauer Emaille. Wir schwenkten die vollen Kannen auf dem Rückweg im Kreis herum. Wenn wir dadurch Milch verloren, gab es abends ›Kloppe‹.«

»Was ist mit den Vermisstenfällen? Neuigkeiten?«, fragte Brinkhues.

»Der zuständige Sachbearbeiter ist der Meinung, dass seit den Nachkriegsjahren keine ungelösten Vermisstenfälle im Dorf zur Anzeige gekommen sind«, sagte Max. »Das bestätigte Amtsleiter Knäpper persönlich, mit dem Ausspruch: ›Vermisst! So etwas spricht sich hier im Dorf schnell herum. Wer sonntags nicht in der Kirche ist, gilt als vermisst.‹«

Flaßkamp biegt sich vor Lachen, und die anderen stimmen ein.

»Wegen der Pachtunterlagen wird in der Schlossverwaltung noch genau nachgeforscht«, fügt Elisa gut gelaunt hinzu. »Wir bekommen Bescheid per E-Mail.«

»Elisa, dann geh doch mal gleich mit Max die paar Schritte in deine Vergangenheit zurück und danach noch zu den zwei benachbarten Höfen. Bist du einverstanden, dass wir uns hier im Team alle duzen?«, fügt er hinzu.

»Klar Bernd, machen wir. Da ist aber noch etwas, das wir überprüfen sollten, und zwar über das BKA in Wiesbaden.«

»BKA, wieso?«

»Es gab eine Woche nach Beendigung der Spiele eine Suchmeldung der britischen Polizei, teilte uns Frau Stütter mit. Jetzt kommen wir auf das Jahr 1952 zurück. Sie zeigte uns ein altes Telegramm aus Richmond, der Heimatstadt eines englischen Reiters, bezüglich eines Geofferey Vernon, einem Colonel, der eine Woche nach Beendigung des Turniers noch nicht zuhause angekommen war.«

»Er hatte sich allerdings«, erklärt Max, »das ist durch ein Formular belegt, am Samstagnachmittag des 1952er Turniers persönlich im Schloss abgemeldet, mit Datum und Unterschrift. Zuletzt wurde er gegen Mitternacht, nach der Party, von seinem Pferdepfleger auf dem Hof gesehen.«

»Pferd und der Pfleger waren am nächsten Tag zeitig beim ersten Rücktransport dabei und sind in England, im heimatlichen Reitstall, in Richmond angekommen«, sagt Elisa.

Max fügt hinzu: »Die Sache wurde von hier aus nicht weiter verfolgt. Der Pferdepfleger ging damals davon aus, dass Geofferey Vernon schon eine Zeit lang Probleme hatte. Frau und Sohn waren bei einem Unfall ums Leben gekommen. Danach soll Vernon zu Depressionen geneigt haben. Er nahm an, dass der Colonel sich nach den anstrengenden Turnieren eine Auszeit genommen hatte. Warum auch nicht?«

Elisa greift in ihre Handtasche, zieht ein postkartengroßes Foto heraus und legt es auf den provisorischen Schreibtisch.

»Das hat mir Frau Stütter von der Schlossverwaltung mitgegeben.«

Verblüfftes Schweigen erfasst das Team. Das vergilbte, an den Rändern ein wenig eingerollte Foto zeigt einen gutaussehenden Mann in khakifarbener Uniform, der sie alle direkt anzusehen scheint.

Automatisch gleiten die Blicke des Teams von dem Foto zum Tatortzelt, das neben der Scheune steht. Sie sehen den Riss, der durch den Schuss des schwarzen Bikers und seine nächtliche Aktion entstand. Er hebt sich dunkel vom weißen Zelt ab.

»Das könnte, ganz vorsichtig gesagt, ein Hinweis auf das Opfers sein«, sagt Brinkhues.

»Da haben wir doch einen Ansatzpunkt. Lasst uns weiterforschen.«

Elisa räuspert sich. Ihre Stimme durchbricht das Schweigen. Sie nimmt ihre Notizen zur Hand: »Hier in Schlossberg wurde im Jahr 1952, nach Beendigung des Turniers, allem Anschein nach in der Sache Colonel Vernon nicht weiter nachgeforscht. Der Colonel war ordnungsgemäß abgemeldet, und was jemand in seiner Freizeit macht, interessiert nicht.

Jetzt aber, nach dem Skelettfund, brauchen wir die Verbindung zum Bundeskriminalamt. Das BKA wird wie üblich den Kontakt zur britischen Polizei herstellen und weitere Ermittlungen europaweit in die Wege leiten.«

»Klar, ich nehme das sofort in die Hand«, fügt Brinkhues Kopf schüttelnd hinzu und greift zum Diensthandy.

»Den Bericht, die Abbildungen und das Foto des Vermissten schicke ich direkt von hier aus los. In unserer abenteuerlichen Einsatzzentrale« – er zeigt auf das Innere der weitläufigen Scheune – »ist das dank unserer heutigen Technik nicht leicht. Den Rest erledige ich von Münster aus.«

»Ich gehe dann schon mal mit Max zur alten Wassermühle, um den Landarbeiter Alwin Stöcker zu befragen, und klopfe bei den Nachbarn, den Kerstings und Niewöhners an«, sagt Elisa.

Sie dreht sich dann doch noch einmal um. »Dieses Bild«, sie zeigt auf das Foto des Colonels, »ist nur ein vager Hinweis auf die Identität des Skeletts. Wir sollten nicht erwarten, dass wir gestern hier in der Grube die Gebeine des vermissten Colonels betrachtet haben. Wenn ja, wär das natürlich ein Erfolg. Aber die gesamten Ergebnisse der Gerichtsmedizin und KTU stehen noch aus.«

»Klar, Elisa. Wir sind alle Realisten, was diesen Fall angeht. Wenn du mit Max zurückkommst, haben wir die Erkenntnisse von Kalthöner und Nachtigäller. Sie sind in Sachen ›Schwarzer Biker‹ unterwegs.

Die Suche nach dem Geschoss, das sich in der Wand der Remise befinden könnte, setze ich jetzt mit unserem hellsichtigen Anwärter Tim und Spusi Susi fort.«

»Ach ja Bernd, ehe ich es vergesse: Die KTU-Kollegen sind unterwegs und werden heute das Erdreich unter dem Zelt durchsieben. Eventuell finden sie noch Reste der Geschosshülse, einen Knopf, Fasern, Ehering oder ... Übrigens, das Gebiss wird in Münster in der Forensik geröntgt. Das Zahnschema wird von Münster an das BKA weitergeleitet, mit anderen, dort archivierten Akten verglichen, und auch an die Kriminalämter im europäischen Ausland, mit allen dazu gehörenden Angaben, die wir bisher haben, weitergeleitet. Man kommt oft zu überraschenden Ergebnissen. Vielleicht - wenn wir, mit aller Vorsicht, von dem Reiter Vernon ausgehen, lebt dessen Zahnarzt noch. Möglich ist aber auch, dass hier, gegen Ende des Krieges, ein Soldat, der auf der Flucht war, erschossen wurde. Es kann sein, dass die Zahnarztpraxis des Opfers noch existiert. Eventuell schmoren in alten Zahnarztpraxen noch Krankenakten, die einen Vergleich zulassen. Das aber nur, wenn zu dem Vermissten eine entsprechende Suchmeldung bei BKA eingegangen ist.«

Elisa überlegt. »Kollegen, mir fällt ein, dass es hier im Ort einen Zahnarzt gab. Einen Herrn Dr. Fülling. Die Zahnärzte erkennen ihre Pappenheimer schon, wenn sie den Mund aufmachen. Wir könnten dem hiesigen Zahnarzt den Abgleich des Gebisses unseres Opfers vorlegen. Vielleicht stammt das Opfer sogar hier aus der Gegend.«

Brinkhues zückt sein Handy und forscht im Internet.

»Hier im Ort gibt es noch einen Dr. A. Fülling Junior. Ich werde Verbindung mit der Gerichtsmedizin aufnehmen und bitte den Forensiker in Münster, dem hiesigen Arzt die Unterlagen zuzusenden. Ich werde gleich nachfragen, ob die Praxis noch ein Archiv aus der Nachkriegszeit hat«, meint Brinkhues.

»Wir wollen nichts unversucht lassen, Frau Sonderermittlerin.« Leise: »Ich frage mich manchmal, wer hier der Chef ist.« Max hat es gehört.

»Elisa, jetzt komm aber endlich!«, ruft er, und mokiert: »Du kannst nicht den ganzen Fall an einem Tag knacken.«

»Warum nicht?«

»Weil wir ein Team sind, und Brinkhues unser Chef ist. Und außerdem möchte ich jetzt mit dir zur Mühle spazieren. Ich habe schließlich Urlaub«, scherzt er.

»Entschuldigung Max. Ich wollte nicht vorpreschen. Ich werde mit Bernd sprechen, aber wenn der seinen Hintern nicht hochkriegt.«

»Ein guter Westfale überlegt erst und handelt dann.«

»Okay. Du hast mich überzeugt.«

Der Zeuge

Es ist später Nachmittag, als Elisa und Max in der Mühle ankommen, in deren Nähe der Zeuge wohnt.

Erstaunt blickt Max auf das große Rad einer Wassermühle herab, das sich unermüdlich dreht. Nach einigen Metern steht er mit Elisa vor einem kleinen Fachwerkhaus. Eine Zwergskulptur in Müllerkleidung winkt ihnen aus dem Vorgarten entgegen. Der Zwerg steht auf einem Mühlrad, das von Stiefmütterchen umgeben ist.

»Hier ist alles zu idyllisch. Kein Ort für kaltblütige Mörder«, sagt Max.

»Liebevoll kitschig, und außerdem finde ich hier gar keine Klingel.«

»Das ist eine Klöntür, Elisa. Müsstest du kennen. Schau mal, in der oberen Hälfte befindet sich ein Fenster, verdeckt mit einer Spitzengardine«, sagt Max.

Elisa klopft.

Die ›Klöntür‹ öffnet sich vorsichtig und eine Männerstimme fragt verhalten: »Ja bitte?«

»Guten Tag. Ich bin Elisa Fuchs, Sonderermittlerin Kripo Münster, und das ist mein Kollege, Hauptkommissar Max Teufel.«

Die Tür öffnet sich und ein alter Mann mit schlohweißen Haaren, bekleidet mit einem blaugrauen Arbeitskittel, fragt mit abwartendem Pokerface:

»Polizei? Was kann ich für Sie tun?«

»Herr Stöcker, dürfen wir einen Moment hereinkommen? Sie haben bestimmt von dem Skelettfund auf dem Gut gehört.« Elisa zeigt in die Richtung des Tatortes.

»Jau.«

Oh, einer der sehr gesprächigen Westfalen, denkt Elisa, und da erkennt sie ihn, den Knecht Alwin, ihren großen Freund aus Kindertagen. Er half ihr manchmal aus der Patsche, wenn sie auf dem Hof was angestellt hatte oder Rat brauchte, weil ihre Mutter keine Zeit aufbrachte. *Er muss über achtzig Jahre alt sein,* denkt sie.

»Alwin?«, fragt sie und sieht direkt in wässrig blaue Augen, die mit feinen roten Äderchen durchzogen sind und sie freundlich anblicken.

»Bis du es, kleine Elisa mit dem Struwwelkopf? Die Kleine, die immer mit einem kranken Tier unter dem Arm daher kam und Krankenschwester werden wollte?«

»Ja, Alwin.«

»Lange her.« Er sieht sie eindringlich an. »Hast dich verändert, aber dein schelmisches Lächeln ist noch da.«

»Ich habe Sie auch sofort wiedererkannt, Herr Stöcker.«

»Für dich immer noch Alwin.« Er überlegt. »Seitdem meine Frau tot ist, kennst sie auch, die Margret, mit dem blonden geflochtenen Zopf um den Kopf, grüble ich viel herum.«

Ein Schatten gleitet über seine gegerbten Züge. Elisa mochte ihn sehr, und jetzt ist er ihr auch wieder sofort vertraut.

Alwin atmet tief durch: »Ich hol erstmal Kaffee, hab gerade einen auf dem Ofen stehen.« Er zeigt auf einen altmodischen Stubenofen aus Gusseisen mit einer Aufwärmplatte, auf dem eine braunweiße Keramikkanne steht. Er dreht sich noch einmal um und fragt: »Und is dat dein Mann, der smarte Herr mit dem Kaiser Wilhelm Bart, der des Teufels Namen trägt?«

Max streicht, beinahe befangen über diese direkte Ansprache, gewohnheitsmäßig über seine akkurat geschnittenen Haare, die an den Schläfen schon ergrauen. Er rückt seine Hornbrille zurecht und sagt: »Ja, Herr Stöcker, so sieht ein getarnter Teufel aus. Elisa ist meine Kollegin.«

Alwin lacht, nickt zustimmend und kommt vom Ofen zurück. Er stellt drei blaue Emaille-Becher, eine Dose Kondensmilch und drei Schnapsgläschen auf die geblümte Wachstuchdecke des Küchentisches.

»Setzt euch doch«, sagt Alwin und schüttet Kaffee ein.

»Sag mal Alwin«, beginnt Elisa, »hat es zu deinen Lebzeiten hier im Dorf schon mal das Gerücht gegeben, dass jemand plötzlich vermisst wurde?«

»Nö, kann mich nicht erinnern. Ab und zu is schon mal son Döskopp besoffen irgendwo für'n Tach im Heu, inner Scheune eingepennt, wurde aber immer wieder gefunden. Meistens von seiner Frau. Dann ging's hoch her.« Er lacht.

Elisa und Max grinsen.

»Zur Sache, Alwin, erinnerst du dich noch an das Reitturnier 1952 auf dem Hof?«, fragt Elisa und sieht ihn freundlich an.

Er überlegt, zieht die Stirn in Falten.

»Dat is 52 Jahre her und ich werde langsam vergesslich. Verlege Sachen, verpasse meine Arzttermine, vergesse, die Tabletten zu nehmen, aber wat früher los war, dat is gespeichert.« Er deutet mit seinem rechten Zeigefinger an seine Stirn.

»Erinnerst du dich auch an das Jahr, als hier im Feld ein Strafgefangener erschossen wurde? Das passiert ja nicht so oft.«

»Ach ja! Verflixt nochmal! Da war hier was los! Der Tod des Gefangenen hat in dem Sommer alle bedrückt. Und drei oder vier Wochen später waren auch noch die fremden Pferde und Reiter in Schlossberg und ein Pferd stand auch mit Pferdepfleger und allem Pipapo auf unserem Hof.

Das bedeutete für alle auf dem Hof mehr Arbeit.«

Elisa legt ein kleines Aufnahmegerät neben ihren Kaffeebecher.

Alwin fragt misstrauisch:

»Was wird das?«,

»Eine Zeugenvernehmung, die ich jetzt aufnehme. Falls du nicht aussagen möchtest, selbst betroffen bist, kannst du die Aussage verweigern. Falls deine Angaben uns bei den Ermittlungen weiterhelfen, nehme ich deine Aussage auf. Du bist dann, falls es einen Prozess gibt, ein Zeuge. Wir notieren alles und können dir das Protokoll zur Unterschrift vorbeibringen.«

»Ist es denn ein Mordfall?«, fragt Alwin wissbegierig. »Mord seh ich immer gerne im Fernsehen. Du machst das schon richtig Elisa. Mord verjährt nicht, hab ich schon gelernt.« Er lächelt still in sich hinein, und fügt nach einer kurzen Pause hinzu:

»Du meinst also die Sache mit dem dösigen Skelett? Mensch, Elisa! Toter als der kann man nicht sein.«

»Eben.«

»Na gut, wenn ich helfen kann. Dann leg mal los.«

»Alwin, kannst du mir sagen, wie der Aufseher hieß, der in den fünfziger Jahren zur Erntezeit mit einem Trupp Strafgefangener auf den Hof gefahren kam, aus dem Lager Westkirchen?«

»Natürlich weiß ich das. Seine Fresse vergesse ich nie. Oh, Entschuldigung, ist mir nur so herausgerutscht. Fresse kannst du streichen, ist Visage oder Gesicht eleganter?«

»Du kannst reden, wie dir der Schnabel gewachsen ist. Es geht hier nur um die Wahrheit.«

»Klaus Ratzke war der Name des neuen Aufsehers.« »Klaus Ratzke! Jetzt erinnere ich mich«, ruft Elisa aus und klopft sich an die Stirn. »Als er vor Jahrzehnten den Gefangenen erschoss, ist er mir, bevor er zum Verhör gerufen wurde, begegnet, und hat mich böse angeblafft.«

»Ratzke war der Einzige, der sich ständig aufspielen musste, hat die Gefangenen getriezt.«

»Getriezt, wie meinst du das?«

»Na, mal einen Schlag mit seinem Mauser Karabiner K98, einer alten Wehrmachtswaffe, die nach dem 2. Weltkrieg von den Strafgefangenenlagern übernommen wurde.

Ratzke liebte zu kurze Pausen für die Gefangenen, verteilte

zu wenig Trinken und war hinter jedem Weiberrock her.«

»Das hört sich nicht gut an.«

Elisa überlegt. »Ich habe noch eine andere Frage: Es soll zum Ende des Turniers eine Party auf dem Hof gegeben haben. Kannst du dich erinnern?«

»Und ob! Es gab genug umsonst zu ›süppeln‹. Da war jeder dabei, der kein Kind von Traurigkeit war. Der Ratzke lief auch auf dem Hof rum, in Uniform mit Waffe, obwohl er gar keinen Dienst hatte. Er führte sich immer gerne als Sheriff auf. Auch wenn er gar keinen Dienst hatte, blitzte manchmal eine Pistole aus seinem Hosenbund hervor.«

»Gefährlich.« Elisa überlegt. »Kannst du dich an andere Situationen erinnern?«

»Ja, auf der Abschiedsparty der Reiter gab es prompt Krach auf dem Hof. Ratzke stritt sich mit zwei Engländern, die Schuld am Weltkrieg und seinen Kriegsverletzungen gewesen wären.«

»Verletzungen?«

»Ja, er hinkte ein wenig.«

»Interessant. Wie endete der Streit?«

»Ich bin vor Mitternacht gegangen. Ratzke war voll bis oben hin und stichelte, meinte zu einem der Engländer, der von den Pferdeboxen kam: ›Bist wohl auch hinter der Frau des Hauses her? Lass unsere deutschen Frauen in Ruhe‹.«

»Na, das war aber ganz schön anmaßend.«

»Jau. Der Angesprochene, ich glaube, es war sogar ein Colonel, dessen Pferd auf unserem Hof gepflegt wurde, hat ihn abblitzen lassen, kalt ignoriert, auf die feine englische Art. Hat sich einfach umgedreht.

Ratzke war wütend. Als er nicht aufhörte zu stänkern, hat der Colonel sowas wie ›alter Nazi‹ gesagt, Ratzke stehen gelassen, sich von seinem Pferdepfleger verabschiedet, und auf die Remise gedeutet.«

»Ist er hineingegangen?«

»Nein, er hat irgendetwas in englischer Sprache gerufen, kann auch ein Abschied gewesen sein. Dann hat der Ratzke nochmal dazwischen gequatscht. Hab nix verstanden. Es lag einfach Stunk in der Luft. Nur an das Wort ›Box‹ kann ich mich erinnern. Wahrscheinlich war die Box mit den Utensilien für die Pferdepflege gemeint, die während des Turniers in der Remise stand. Eine andere Box gab es nicht, denn die zwei Sättel des Pferdes ›Angel‹ waren im Stall untergebracht. Sie passten gar nicht in eine Box!«

»Wie sah diese ›Box‹, die in der Remise aufbewahrt wurde, aus?«

»Sie war aus dunkelbraunem Holz mit Messingbeschlägen und zwei Buchstaben auf dem Deckel, ebenfalls aus Messing.«

»Den Initialen des Colonels?«

»Ini … wat? Weiß nicht, was das ist, kenn mich da nicht so aus … die Buchstaben waren auf jeden Fall aus Messing. Bin sogar in der Remise mal über den Kasten gestolpert, hab ihn danach ganz vorsichtig poliert.«

»Was für Buchstaben, kannst du dich erinnern?«

»Ne, wirklich nicht.«

»Alwin, zurück zum Pferdepfleger? Wo war der?«

»Den hab ich danach nicht mehr gesehen, ist wahrscheinlich in seine Unterkunft gegangen, die im Verwaltungsgebäude des Schlosses lag.«

»Gut, das ist eine Vermutung.«

Alwin überlegt: »Also am nächsten Tag, an einem Sonntag, fand der Abtransport aller Tiere, auch der Pferde, die in den Stallungen des Schlosses standen, statt, unter Aufsicht der Pferdepfleger. Da war ich aber zuhause, lag krank im Bett.«

Alwin Stöcker versinkt eine Zeit lang in Gedanken und sagt: »Ich brauch nen Schnaps.« Er gießt sich ein Körnchen ein.

Elisa wartet einen Moment und fragt: »Ich komme noch einmal zurück zu der besagten Nacht auf dem Hof.«

»Ich werde nicht gern dran erinnert. Regt mich auf. Ich weiß noch, dass in dieser Nacht ein fürchterliches Gewitter wütete. Die jungen Kerstings, dahinten auf dem Hof in der Nähe des Waldes«, er zeigt aus dem Fenster auf ein Hofgebäude, »werden das nicht mehr wissen. Ihre Eltern sind schon tot.«

Er seufzt, bekommt schlecht Luft, geht zum geöffneten Fenster und fährt fort:

»Ein Blitz schlug in eine der Eichen, die den Kersting-Hof umgaben. Dat war ein Knall! Die Feuerwehr musste kommen. Ne, diese Nacht, Teufel auch … und der Krach auf unserm Hof und dat ganze Besäufnis, is alles in meinem ollen Kopf fest verankert.«

Er wirkt mitgenommen und nimmt jetzt einen Schluck Kaffee, der allmählich kalt geworden ist.

Seine Hand, die den Emaille-Becher hält, zittert. Eine braune Kaffeelache breitet sich auf dem Blütenmeer der Wachstuchdecke aus.

»Ich weiß noch genau, dass meine Frau, die Margret, schimpfte.«

»Warum?«

»Weil ich in der Nacht meine guten Sonntags-Schuhe versaut habe, und mir in dem Sauwetter eine dicke Erkältung zuzog.«

»Trotz allem hast du noch ein prima Gedächtnis, Alwin.«

»Ja, du kannst mir glauben! Hier oben im Stübchen ist alles noch intakt. Ich hab´ mich ja auch noch an die kleine Elisa erinnert, die mir immer ein Loch in den Bauch gefragt hat so wie heute«, sagt er und grinst Elisa an.

»Du warst ein Schlingel. Ich weiß noch, was du alles auf dem Hof angestellt hast. Heimlich in der Remise an unseren Henkelmännern genascht, und mit Theoken hinter dem Plumpsklo versucht, unsere ollen Zigarettenstummel zu rauchen.«

Elisa wird rot. »Lenk nicht ab, Alwin. Das war später. Da war ich schon älter. Wir Kinder wollten euch Männer nur nachmachen. Zurück zum Pferdepfleger. Nach deinen Erinnerungen hatte er, ehe er den Hof verließ, ein kurzes Gespräch mit dem Colonel, der dann, das nimmst du an, in der Remise verschwand.«

»Das ist nur eine Annahme, ich hatte das Gefühl, dass er vorhatte, hineinzugehen, aber zunächst durch den Streit mit dem Ratzke, und dann durch das kurze Gespräch mit dem Pferdepfleger aufgehalten wurde. Und der Ratzke quatschte auch immer dazwischen.

Ob der Colonel danach sofort in der Remise verschwunden ist, hab ich nicht beobachtet. Das sagte ich doch schon.«

Er zieht die Stirn kraus. »Er kann sich auch irgendwo untergestellt haben. Es war fast stockdunkel, und strömender Regen. Nur eine kleine Funzel spendete Licht auf dem Hof.«

Alwin schlürft durstig den Rest Kaffee aus seinem Becher.

»Stand die besagte Holzkiste, diese Pflegebox, in all den Tagen, in denen das Turnier stattfand, in der Remise?«

»Ach Elisa, jetzt is aber mal gut mit der Holzkiste! Stimmt, wir durften sie nicht anfassen, war meistens mit einer grauen Pferdedecke, die schwarze Ränder hatte, bedeckt. So sahen die meisten Pferdedecken damals aus.«

»In Ordnung, aber wo ist der Ratzke abgeblieben, nach dem Streit?«

»Der Ratzke ...« Alwin überlegt. »Als ich ging, lehnte Ratzke, nachdem er ja mit dem Colonel ›rumgestänkert‹ hatte, lauernd an dem Torbogen der Hofeinfahrt. Ich hatte den Eindruck, dass er noch nicht gehen wollte, abwartete, vielleicht auch nur den heftigen Hagelschauer.

Ich musste durch die Hofeinfahrt, eng an ihm vorbei. Er schien ganz schön breit, also besoffen zu sein. Im Dunkeln sah ich die Glut seiner Selbstgedrehten. Der Ratzke rauchte nämlich wie ein Schlot.

Er rief mir noch frech hinterher: ›Und grüß mir deine schöne Margret‹.

›Idiot!‹ schrie ich zornig zurück. Ich ärgerte mich, weil der Ratzke damals gerne meine Frau anmachte, wenn sie auf dem Hof aushalf. Ich machte mich stinksauer und grußlos vom Acker. Bin vor dem Scheißwetter geflüchtet. Hab es ja nicht weit nach Hause.«

»War zu dem Zeitpunkt außer dir und dem Reiter und Ratzke noch jemand auf dem Hof? Denk scharf nach, Alwin. Nach deinen Erinnerungen …«

Elisa greift zum Aufnahmegerät und spielt den Text ab. »Also in der Nacht des 13. September 1952, einem Samstag, waren außer mir nur noch der Aufseher und der englische Reiter auf dem Hof. Ich nahm nur an, dass der Reiter auf dem Weg in die Remise war.«

Alwin nickt. »Der Engländer kann auch noch eine geraucht haben, diese feinen englischen Zigaretten. Platz, um sich unterzustellen, war ja genug auf dem Hof. Das weißt du ja selber, Elisa.«

»Stimmt, es gab viele Verstecke. Aber noch einmal zur Sache. Das ist wichtig: Hast du die Box des Reiters, nach diesem turbulenten Wochenende, nachdem die Gäste weg waren, noch in der Remise gesehen?«

»Nein, nie mehr. Als ich montags morgens in die Remise kam, war sie weg, die Box mit der Pferdedecke, und alles war superaufgeräumt, aber warte mal Elisa, Augenblick mal …«

»Ja, Alwin?«

»Dein Vater kam, als ich in der Nacht wegging, von den Pferdeboxen zurück. Er machte das Stalllicht noch einmal an.

Das habe ich eben ganz vergessen. Entschuldige.«

»Mein Vater?«, ruft Elisa heiser.

»Mein Vater war noch auf?«

Es durchfährt sie blitzartig. Sie schluckt. Ihr Mund wird trocken.

»Hast du ein Glas Wasser, Alwin?«, krächzt sie und räuspert sich dann.

»Gerne, frisch aus unserer Pumpe, richtig Bio.«

»Danke, Alwin.«

Elisa ist einen Moment geschockt, ihr Herz rast. *Ist da ein Verdacht?,* denkt sie und trinkt wie eine Verdurstende.

Sie atmet durch, dreimal und fasst sich.

»Ist schon gut, Alwin. Erzähl weiter.«

»Er hat immer wieder mal gerne nach ›Angel‹, dem Reitpferd, das er Tage vorher rettete, gesehen. Er wollte immer alles unter Kontrolle haben. War ja der Boss, immer sehr pflichtbewusst und streng. Vielleicht wollte er sich von dem Pferd verabschieden, das er geheilt hatte und danach die Tennentür abschließen. Die Remise liegt ja außerhalb, neben der Tenne.«

»Lebt der Ratzke eigentlich noch?«, fragt Max.

»Nein, er ist jämmerlich an Krebs gestorben. Das war so zu Beginn der Neunziger. Er hat relativ spät noch ein junges Ding geheiratet. Hatte immer ein Auge für junges Gemüse. Dorle, eine hübsche Bedienung unserer Dorfkneipe. Sie hat drei Jahre vor seinem Tod einen Sohn bekommen. Er heißt Kevin.«

Max und Elisa sehen sich an und es kommt wie aus einem Mund: »Einen Sohn? Der müsste doch jetzt so Mitte zwanzig sein. Was macht er?«

»Seiner Mutter große Sorgen. Ladendiebstähle, Schlägereien … Die Mutter war überfordert, tragisch.« Alwin schüttelt bedenklich den Kopf, überlegt, sucht nach Worten.

»Der Junge hatte kein Vatervorbild, dem fehlte der Vater. Als er heranwuchs, wurden Ladendiebstähle bekannt. Die Fürsorge ging ein und aus, und die Mutter hatte wechselnde Partner. Kevin scheint sich falschen Freunden angeschlossen zu haben.« Alwin zögert.

»Da ist doch noch etwas, Alwin?«

»Man hört, dass er jetzt in dem berüchtigten Motorradclub ›Wilde Panther‹ Mitglied ist. Die treffen sich in einem Clubhaus in der Nähe von Neubeckum, und machen Rabatz.«

»Rabatz?«

»Ja, Ärger. Motorradsport ist ja in Ordnung, aber die ›Panther‹ sind andauernd mit der Polizei im Konflikt. Drogen, Raubüberfälle und alles, was so'n alter Mann, wie ich, gar nich mehr zu wissen braucht.«

»Und die Mutter von Kevin?«

»Hat längst das Weite gesucht. Man sagte damals, dass sie anschaffen geht.«

Stille.

»Schade«, sagt Alwin, senkt den Kopf, schaut auf seine Pantoffeln aus grauem Filz und sagt leise, wie zu sich selbst:

»Der Kevin hat hier als Schüler manchmal im Herbst bei der Ernte geholfen. Mochte ihn. Der brauchte eigentlich nur einen starken Halt. Ich vertraute ihm. Hat eifrig Kartoffeln aufgesucht, auch Runkeln, sich auf dem Feld Taschengeld verdient. Aber mit zwölf, dreizehn Jahren veränderte er sich total. Kam nich mehr an den ran. Hab' es versucht, ihn aber aus den Augen verloren.«

Elsa und Max lassen das Gehörte sacken.

»Schnäpsken?«, fragt Alwin und hebt den Kopf wieder.

»Nein, wir sind im Dienst«, kommt es wie aus einem Mund. Befreiendes Lachen.

»Aber noch ein Glas Wasser bei der Hitze wäre nicht

schlecht«, bittet Elisa.

Alwin schüttet ihr Glas voll. Elisa trinkt es in einem Zug leer. Das Wasser ist wirklich erfrischend, doch ihr Hals ist immer noch trocken. In ihr tobt ein Gedankenkarussel.

Mein Vater war in der verflixten Nacht im Stall. Es war seine penible Art, abends noch einmal alles zu kontrollieren, besonders nach solch einem turbulenten Ereignis. Wahrscheinlich ist er von den Boxen durch die Tenne gegangen, hat sie von innen abgeschlossen und ist dann weiter in die Küche und hat sich noch ein Körnchen getrunken. Ist dann schlafen gegangen. Aber manchmal war die Stimmung zu der Zeit des Turniers zuhause gereizt, angespannt, erinnert Elisa sich.

Aber von der Tenne aus hatte mein Vater die Remise doch gar nicht im Blick, beruhigt sie sich.

Elisa und Max erheben sich. Sie verabschieden sich von Alwin Stöcker.

Schweigend gehen sie ›Klinken putzen‹, zunächst zum Nachbarhof zur Befragung der Familie Kersting.

Sie weisen sich als Polizeibeamte aus.

»Ob hier mal jemand vermisst war?«, staunt Frau Kersting, überlegt und wischt sich die Hände an der Küchenschürze ab. »Nicht, dass ich wüsste.«

Mit lauter Stimme ruft sie: »Heini, wurde hier mal jemand vermisst, in den letzten Jahren?«

»Nö, du bist doch immer da! Wer will das denn wissen?«, fragt Heini Kersting, der gerade mit Gummistiefeln aus dem Schweinestall kommt, während Frau Kersting zischt: »Zieh sofort die Stinkstiefel aus!«

»Geht es um dat olle Skelett?«, fragt Kersting, während er sich auf der Fußmatte von den Stiefeln befreit. »Dat da gegenüber inner Grube lag?« Er deutet auf den Nachbarhof. »Is doch längst tot und war begraben.«

Seine Frau hält sich währenddessen die Nase zu und streicht nervös ein paar blonde Haarsträhnen unter ihr Kopftuch.

»Und mit dem Hof da hinter den drei Eichen«, fährt Bauer Kersting die Stirn runzelnd fort, »ging es in den letzten Jahren bergab. Lag kein guter Geist drauf. Immer Party, High Life, Städter, das angeblich so schöne Landleben genießend!«

»Und gezz verschuldet bis unters Dach, heißt es. Geht mich ja eigentlich nix an«, fügt Frau Kersting hinzu.

»Die da wohnten«, ihr Mann zeigt mit dem Finger auf das Gemäuer, »sind über Nacht abgehauen. Messis, konnten die Raten nicht bezahlen. Alles gepfändet, sagt man, aber ich will mir ja nicht die Zunge verbrennen.«

»Muss auch weitermachen, Essenszeit«, sagt Frau Kersting, »hab was im Ofen.«

Elisa riecht Bratkartoffeln. Das Wasser läuft ihr im Mund zusammen, aber da schließt sich die Haustür mit einem kräftigen Ruck.

»Ach ja, die lieben Nachbarn«, sagt Max.

Auch bei den Niewöhners, einen Kilometer weiter, erfahren Elisa und er keine relevanten Neuigkeiten.

»Nö, vermisst wurde hier niemand, dumm Tüch. Wir haben den Hof von den Eltern übernommen. Die erzählten schon mal von den großen Turnieren des Schlossherrn. Haben selbst genug zu tun. Kümmern uns nur, wenn Not am Mann ist ...«

»Und wenn Feste gefeiert werden«, beendet Bauer Niewöhner den Satz seiner Frau, »aber von denen da gegenüber wurden wir nicht eingeladen.«

»Einen Kaffee könnte ich Ihnen gerne anbieten«, sagt die Bäuerin freundlich.

»Nein danke, das ist sehr nett, aber wir müssen weiter. Dienstbesprechung!«

Jagd nach dem schwarzen Biker

»Elisa!«

Sie schreckt aus ihren Gedanken auf. *Ist mein Vater unter den Mordverdächtigen?* Geht es ihr immer wieder durch den Kopf. *Dann wär sein Geheimnis mit ihm begraben worden. Er hatte doch gar kein Motiv, oder … Eifersucht? Mutters Schwärmerei für den Engländer war unübersehbar,* sagt sie sich.

Sie zweifelt, sieht die Mutter vor sich, so ganz anders, in den schicksalsschweren Tagen im September 1952. Jetzt fröstelt sie, trotz der Hitze. *Der Vater hatte eine Waffe in der Nachtischschublade. Das hab ich gesehen, wenn ich als Kind am Wochenende die Schlafzimmer aufräumen musste.*

»Stell dir mal vor, Max, ich ermittle weiter in dem Fall und dann stellt sich heraus, dass mein …«

»Dein Vater jemanden erschossen hat?«

»Ja.«

»Dann bist du befangen und bist raus. Aber mach dir doch jetzt noch keine Sorgen.« Er umarmt sie ganz fest.

»Entschuldige. Die Vergangenheit hat mich wieder einmal eingeholt. Ich war ganz in Gedanken. Du bist super.«

»Na, wenn du dabei auch an mich gedacht hast, ist es in Ordnung. Elisa, wir brauchen dich.«

»Neuigkeiten«, tönt Tim Flaßkamp ihnen entgegen und hält die Ausgabe der regionalen Zeitung in die Höhe. ›Mordversuch an Tatortermittlern in Schlossberg‹ steht in dicken Lettern auf der ersten Seite. ›Der Täter, ein bisher noch unbekannter Motorradfahrer, ist auf der Flucht‹, lautet die fett gedruckte Überschrift.

»Mist«, ruft Brinkhues und knallt die Zeitung in die Ecke. »Jetzt ist der Bursche bestimmt schon über alle Berge.«

»Alles wird gut, Bernd. Reg dich nicht auf. Wer weiß, ob der Biker Zeitung liest? Soll ich schon den Bezirksdienst Ennigerloh benachrichtigen?«, fragt Max.

»Weswegen?

»Wir haben Nachrichten aus Münster wegen des Films der Überwachungskamera.

»Super, wir können ihn auf der Dienststelle in Ennigerloh ansehen. Los geht's. Ich sage eben Frau Potthoff Bescheid, dass wir nach Ennigerloh fahren, um den Überwachungsfilm anzusehen«, ruft Brinkhues und fügt hinzu: »Ich bin eben, vor dem Dienst, beim hiesigen Zahnarzt vorbeigefahren. Leider ist das Archiv seines Vaters durch die Wirren des Krieges nicht mehr vorhanden«, berichtete er.

»Dann wär das auch geklärt«, sagt Max und blickt zu Elisa.

Sie zuckt mit den Schultern und sagt: »War nur ein Versuch.«

»Prima, kann ich mitkommen?«, fragt Flaßkamp dazwischen, froh, dass endlich etwas passiert.

»Natürlich. Wir brauchen deinen scharfen Blick. Wenn wir Ratzke identifizieren, werde ich einen Haftbefehl und Durchsuchungsbeschluss bei der Staatsanwaltschaft Münster beantragen. Festnahme wegen Verdacht des versuchten Mordes und …«

»Wieso Verdacht?«, fragt Flaßkamp.

»Nach dem Gesetz ist die gestrige Schießerei versuchter Totschlag, §212 im Strafgesetzbuch. Aber wir wissen noch nicht hundertprozentig, ob es sich bei dem behelmten Fahrer um Kevin Ratzke handelte, der es auf uns abgesehen hatte.«

»Ach so.« Flaßkamps Augen glänzen vor Begeisterung.

»Hinzu kommt die räuberische Erpressung in der Tankstelle, nach §255 des Strafgesetzbuches, Tim. Erst wenn die gestrigen Geschosse von der KTU ausgewertet sind, können wir auf die Waffe des Täters schließen und erfahren, ob mit diese Waffe schon einmal im Zusammenhang mit einer Straftat geschossen wurde, und damit eventuell auf den Täter schließen.«

»Aha, und der Helm, Chef?«

»Mal schauen, ob der auf dem Film auch eindeutig zu erkennen ist.«

Brinkhues geht zum Tatortzelt und spricht sich mit Susi Potthoff ab, die mit ihrem Team am Tatort bleibt.

Ratzke in Aktion

Es dauert keine zwei Stunden, bis Bernd Brinkhues mit seinem Team wieder am Tatort in Schlossberg ist.

Sie haben gesehen, wie kaltblütig der Motorradfahrer, der gestern auf sie schoss, Tage zuvor in die Tankstelle in Freckenhorst eindrang, mit einer Hand die Waffe auf den Kassierer hielt und mit der anderen Hand Geldscheine aus der Kasse raffte und verschwand. Alles dauerte nur drei Minuten. Zurück blieb ein kollabierter Mann, der neben der Kasse zusammensackte.

»Ich werde um Amtshilfe zur Durchführung einer Durchsuchung in Ennigerloh bitten.«

Brinkhues Mine hellt sich auf: »Ich bin richtig erleichtert. Was bedeutet das Ergebnis für uns, Leute?« Er blickt in die Runde.

»Durch die Auswertung des Films der Überwachungskamera aus Freckenhorst kann der Räuber eindeutig als Kevin Ratzke identifiziert werden. Auch wurde erkennbar, dass es sich bei der Maschine, mit der der Täter flüchtete, um eine alte BMW R25 handelt. Endlich mal eine Nachricht, die uns weiterbringt! Es ist nämlich die einzige Maschine dieses Typs, die nach unseren bisherigen Erkenntnissen in der Region ab und zu in Erscheinung tritt, nicht selten im Zusammenhang mit Straftaten.

Und die Schädigung oder Vernichtung von Beweisen am Tatort in der letzten Nacht kommt hinzu. Das wird durch den Abgleich der Fingerabdrücke, die in der Nacht von den Streifenbeamten am Tatort gesichert wurden, mit den Abdrücken Kevin Ratzkes aus der vorhandenen Datei bewiesen.«

»So, Leute, für morgen früh steht eine Durchsuchung an. Unser Kevin Ratzke wohnt in Ennigerloh, Untere Straße 7«, kommt es, wie aus der Pistole geschossen von Max.

»Woher weiß du das?«, fragt Brinkhues.

»Von dem Zeugen Alwin Stöcker, den wir gestern befragt haben. Er hat sie mir, bevor wir weggingen, aufgeschrieben. Ich sehe auch gerade, dass Kevin Ratzke schon mehrmals vorbestraft ist wegen Diebstahl und Körperverletzung. Seine Vita ist nicht allererste Sahne.«

Inzwischen hat sich das Team in der provisorischen Einsatzzentrale, der inzwischen vertrauten Scheune, zusammengesetzt.

»Einsatzplan: Morgen um 7:30 Uhr, werden wir den schwarzen Biker besuchen«, verkündet Brinkhues.

»Ich nehme Verbindung zum Bezirksdienst Ennigerloh auf mit der Bitte, dass euch bei dem Einsatz eine Streife unterstützt.«

»Sie sollte früher als wir am Festnahmeort sein, um den Hauseingang zu beobachten. Es ist möglich, dass Ratzke arbeitet und früher das Haus verlässt«, gibt Elisa zu bedenken.

»Arbeitet? Wahrscheinlich ist der Vogel ausgeflogen«, lacht Max.

»Keinen Blaulichteinsatz, Bernd, das würde nicht nur unseren Biker, sondern die ganze Nachbarschaft warnen und einen Menschenauflauf verursachen. Und wenn er nicht da ist, stehen wir nach viel Klamauk und Tütata ganz schön blöd da.«

»Hast Recht Elisa«, lenkt Brinkhues ein.

Er stellt eine Leitung zum Polizei-Bezirksdienst in Ennigerloh her und bittet für den nächsten Morgen um Unterstützung und Amtshilfe.

»Geht in Ordnung, Kollege«, dröhnt es mit Geknatter durch diverse Funklöcher.

»Schlimme Geschichte. Wir sind nicht selten ein beliebtes Ziel durchgeknallter Krimineller, Kollege. Es ist nicht unser erster Einsatz in dieser Straße.

Der Einsatzwagen Pony 31/82, mit mir und Hauptmeister Westermann, wartet morgen früh auf Sie am Einsatzort, Kollege, Brinkhues.

Wie geht es eigentlich voran mit der SOKO ›Remisentod‹? Dem mysteriösen Skelett? Damit kann der Kevin aber nichts zu tun haben. Ist viel zu jung.«

»Ach ja … aber nicht zu jung für den Angriff auf Polizeibeamte. Die Geschosse und Hülsen müssen noch untersucht werden. Wegen der Sache behalten wir den Burschen im Auge.«

»Stimmt. Die Kollegen vom Nachtdienst berichteten mir, dass jemand in der Nacht den Tatort besucht und das Polizeisiegel entfernt hat. Sie haben frische Fingerspuren gesichert. Die Fingerabdrücke stimmen mit Vergleichsabdrücken, die von Ratzke gespeichert sind, überein.«

»Danke, diese gute Nachricht hat uns der Erkennungsdienst schon mitgeteilt. Dass uns am Tag Kugeln um die Ohren fliegen, und nachts von dem gleichen Typen der Tatort ausspioniert wird, ist schon absonderlich und sehr verdächtig. Was steckt dahinter?«

»Das werden wir auch noch herausfinden.«

»Alles klar. Bis morgen, Kollege Pothmann.«

Brinkhues beendet das Telefonat.

»Feierabend, Kollegen. Morgen, um 7.30 Uhr.«

»Ich habe eben bei der Staatsanwaltschaft Münster einen Durchsuchungsbeschluss für die Wohnung des schwarzen Bikers beantragt und natürlich einen Haftbefehl wegen versuchten Totschlags. Tim, du bleibst hier am Tatort mit den Kollegen der Spusi.«

»Ist Susi Spusi auch dabei?«

»Natürlich. Vielleicht kannst du bei der Suche nach Beweisstücken noch etwas dazu lernen.«

»Und die Anderen?«

»Kalthöner und Nachtigäller informiere ich gleich über ihre Aufgaben. Jetzt hast du hier das Sagen.«

Der Vogel ist ausgeflogen

»Ich bekomme Urlaubsgefühle, wenn ich an einem schönen Sommermorgen durchs Münsterland gefahren werde«, schwärmt Max und zeigt auf eine alte Mühle. »Historische Bauernhäuser, Eichenwälder und schmucke Kirchen mit Gasthöfen in jedem Ort.«

»Das Schwärmen wird dir wahrscheinlich gleich vergehen«, ahnt Elisa nüchtern.

Brinkhues Dienst-BMW fährt auf ein Haus am Ortsrand Ennigerlohs zu, das augenscheinlich in der Nachkriegszeit erbaut wurde und niemals einen neuen Anstrich bekommen hat. »Alles Grau in Grau«, sagt Elisa. »In Gelsenkirchen wäre es Kohlenstaub und hier …«

»Ist es Zementstaub«, vollendet Brinkhues den Satz.

In einem alten Blumenkübel, ehemals Zierde des Eingangs, liegt eine Bierflasche, deren Inhalt die verdorrten Geranien auch nicht mehr retten konnte. Die leere Zigarettenschachtel verrät, dass in diesem Häuschen vielleicht ein Raucher wohnt oder wohnte. Blitzblank und irgendwie fremd wirkt das Blauweiß des wartenden Streifenwagens vor dieser tristen Kulisse.

»Wir gehen mal vor«, sagt Streifenführer Polizeikommissar Pothmann, und sein Kollege folgt ihm. Die Klingel des Hauses ist defekt, wird nur noch von einem rostigen Draht gehalten.

Absolute Stille.

Elisa schleicht um das Gebäude, wischt eine Schicht Dreck von einer Scheibe und lugt durch ein Fenster. »Ich seh´ nix, aber hinter dem Haus ist eine grüne Oase zum Entspannen in einem vergilbten Plexiglas-Anbau.«

»Marihuana?«, fragt Pothmann.

»Scheint so«, meint Elisa.

»Wir gehen jetzt alle rein«, ordnet Brinkhues an. »Vielleicht können wir Kevin Ratzke aus süßen Marihuana-Träumen wecken.« Ein kräftiger Stoß seiner breiten Schulter reicht. Die marode Holztür des Nachkriegsbaus springt mit einem Krachen auf.

»Der Vogel ist ausgeflogen«, ruft Brinkhues enttäuscht nach einem ersten Überblick. Einigermaßen aufgeräumt ist ein kleines Wohnzimmer mit alten Familienbildern an der Wand. Dann wühlt sich das Team durch allerlei Plunder und Dreck.

»Seht mal, hinter Omas Sofa, das Bild eines Mannes in Uniform mit einem schwarzen Trauerflor! Na, das wird die Spusi schon noch gründlich unter die Lupe nehmen«, sagt Max.

»Ratzke scheint ein Sammler oder Messie zu sein.«

»Na ja, beides. Wenn alte Eierkartons und Pizzaverpackungen sammelwürdig sind, dann sollte er zu Sotheby gehen. In der Küche steht verschmutztes Geschirr, auf dem sich grünliche Pilzkulturen ausbreiten.«

»Besser keine Kultur als diese«, stöhnt Elisa und hält sich die Hand vor den Mund. »Vielleicht hat er Leichen im Keller.«

»Wie sollen wir hier nach Beweismitteln suchen?«

»Da wären zum Beispiel Hinweise auf das legendäre Motorrad, auf dem der Mann saß, der gestern die Schüsse auf uns abgab, und natürlich die dazu gehörende Waffe«, sagt Brinkhues.

»Wenn wir sie denn finden, diese noch sehr fraglichen Beweisstücke.«

»Das Motorrad muss beschlagnahmt werden, es ist weder registriert noch angemeldet und darf im öffentlichen Straßenverkehr nicht benutzt werden«, fügt Polizeikommissar Pothmann mit knarrender Dienststimme hinzu.

»Ja, ja, die BMW R25 aus den Fünfzigern. Das Geistergefährt ist immer wieder im Gespräch«, meint sein Kollege Westermann und grinst.

»Hat wahrscheinlich auch keinen TÜV mehr«, lacht Elisa, »und wird europaweit gesucht.«

»Na ja«, sagt Max, »mit dem Motorrad sind bereits Straftaten verübt worden.«

»Stimmt.«

»Wo bleibt eigentlich die KTU? Die sollte uns folgen und die Behausung hier noch in Augenschein nehmen«, fragt Elisa.

»Die neuen Kollegen aus Münster sind unterwegs, die anderen sind, wie du weißt, noch in Schlossberg beschäftigt.«

»Wem gehörte eigentlich die Maschine früher?«, fragt Brinkhues den Kollegen Pothmann.

»Dem verstorbenen, ehemaligen Gefängnisaufseher Klaus Ratzke. Er hat dieses Haus gebaut und es immer penibel in Ordnung gehalten. Das Motorrad, seinen Liebling, bestens gepflegt.«

»Ja, auf diesen Klaus Ratzke könnte, vorsichtig ausgedrückt, der Mordverdacht liegen. Ich sage das nur unter Vorbehalt. Er und der Colonel waren angeblich wie Katze und Maus. Wir haben bisher nur vage Hinweise, recherchieren und vernehmen Zeugen, und die sind rar gesät. Die meisten ruhen auf Friedhöfen.«

»Sie jagen also einen Toten? Halten Sie uns auf dem Laufenden.« Die Polizeibeamten Pothmann und Westermann grinsen.

»Hat man sowas schon gehört?«

»Wir jagen keinen Toten«, widerspricht Elisa vehement.

»Aber wir suchen Spuren, um einen Toten zu identifizieren, damit er endlich von seinen Angehörigen betrauert werden kann. Irgendjemand scheint das verhindern zu wollen, warum auch immer, und er will uns töten! Ihm sind wir auf der Spur, weil er etwas weiß, was wir nicht herausbekommen sollen.«

Die Teamkollegen sehen Elisa betroffen an.

»Sie haben Recht«, sagt Pothmann. »Das ist beunruhigend. Ich verstehe das durchaus.« Er schaut Elisa mit aufrichtigem Mitgefühl an.

»Mich müssen Sie nicht betrauern, Kollege«, blafft Elisa, »aber das Opfer und seine Angehörigen.«

»Klar, Klaus Ratzke ist ein Verdächtiger in unserem Fall, aber wie gesagt, wir werden in alle Richtungen weiter recherchieren«, beschwichtigt Brinkhues.

Max ist inzwischen mit einer Taschenlampe im Keller abgetaucht und ruft hoch: »Das Licht funktioniert nicht. Vielleicht ist der Strom abgestellt. Seid bitte vorsichtig auf der dunklen Treppe!

Der Flegel muss sich heute schon gewaschen haben. In der Dusche hängen nasse Handtücher. Ein sauberer Bursche … und was haben wir denn hier? «

Vorsichtig geht die Crew eine schmale Treppe hinunter.

Sie landet in einem Kohlenkeller, an dessen Decke Trauerflore und kohlebestäubte Spinnnetze hängen mit Staubgewordenen Insektenleibern.

Ein Stillleben, wie gemalt von einem alten Meister, mit zu viel dunkler Patina bestäubt.

„Zweckmäßigerweise liegt der Kohlenkeller neben dem Duschraum", lästert Flaßkamp.

»Wir dürfen hier nichts mehr anfassen«, ruft Max und deutet mit seiner Taschenlampe auf einen Fund, eine verstaubte Holzbox im Rechteckformat mit einer Tiefe von ca. 30 Zentimetern, versehen mit dunkel angelaufenen Messingbeschlägen und Schnappverschluss.

»Richtig, nichts mehr anfassen«, ruft Elisa aufgeregt, »da muss die Spurensicherung ran.«

»Das wissen wir doch alle«, klingt es im Chor.

»Entschuldigung«, sagt Elisa.

»Wie kommt diese Holzbox, die der Beschreibung des Zeugen Stöckers ähnelt, die Box, die der Zeuge Alwin in der Vernehmung beschrieben hat und die nach dem Turnier aus der Remise verschwunden war, in den Keller Ratzkes, dem damaligen Gefangenenaufseher?«, fragt Brinkhues und blickt ratlos in die Runde.

»Ganz einfach, Ratzke muss sie aus der Remise geklaut haben«, sagt Elisa.

»Zur Größe konnte Alwin nichts Genaues sagen. Er gab jedoch zu Protokoll, dass er auf der Box des Reiters Initialen gesehen hätte.«

»Sind bestimmt unter Staub begraben, denn du hoffst auf die Initialen des Colonels, die Buchstaben G. V.? «, fragt Max und sieht Elisa an.

»Wir müssen erst auf die KTU warten!«, unterbricht Brinkhues die Diskussion mit lauter Stimme.

»Natürlich, aber das ist die Box, die nach dem Turnier nicht mehr in der Remise stand«, ergänzt Elisa.

»Und dass die Box nach dem Turnier nicht mehr in der Remise stand, bestätigte uns Alwin Stöcker ebenfalls«, fügt sie hinzu.

»Nach so langer Zeit konnte Stöcker sich natürlich nicht mehr an die Maße einer Box aus dem Jahr 1952 erinnern«, meint Max, und Elisa strahlt, erfreut über den Kellerfund.

»Man müsste noch die alte Knarre finden, den Karabiner K98 des Aufsehers, bevor sein Sohn damit auch noch herumknallt«, meint Elisa.

»Außerdem muss er noch eine Handfeuerwaffe besitzen, mit der er uns vorgestern beschossen hat«, fügt sie nachdenklich, kaum hörbar, hinzu.

»Wer jetzt? Klaus oder Kevin Ratzke?«, fragt Max.

»Du sagst es. Klaus Ratzke hatte einen Karabiner, den uns der Zeuge Alwin gestern beschrieben hat. Einen Karabiner K, soundso …«

Ein Wagen der Spurensicherung fährt vor. Die gründliche Durchsuchung des Hauses in der unteren Gasse beginnt.

Das Team geht in den Wintergarten des Bikers, dessen Bepflanzung einen betäubenden, süßlichen, terpentinähnlichen Geruch verbreitet. Die gründliche Durchsuchung im Haus hält an.

Friedvoller Glockenklang von der Kirche des Ortes. »Schon 12 Uhr.« Elisa guckt auf die Uhr und unterdrückt ein Gähnen. »Dieser Mief in dem Haus macht mich fertig.«

»Wir müssen reden«, sagt Brinkhues, als es vom Kirchturm zwölf Uhr schlägt. »Wie gehen wir weiter vor?«, fragt er, niest fürchterlich, und schaut sie alle in der Runde auffordernd an, Max Teufel, Elisa Fuchs und die beiden Streifenbeamten.

Kein Geistesblitz glimmt auf in den Köpfen der so plötzlich ermüdeten Beamten.

Wirkt sich der strenge Geruch der Pflanzen schon auf unser Gehirn aus?, denkt Elisa und sagt: »Kollegen, lasst uns lieber diese Cannabishöhle verlassen und draußen reden, ehe wir nachher noch dem Rausch verfallen und anfangen, die Blätter zu lutschen. Wie wir gestern von dem Landarbeiter Alwin erfuhren, soll Kevin Ratzke Mitglied im Club ›Wilden Panther‹ sein. Die sind ganz heiß auf Geschäfte mit Drogen. Da ist das hier«, sie zeigt auf die Pflanzen, »nur Kinderkram. Wir müssen an die Wurzeln, die Hintermänner, die ganze Kette von der Herstellung bis zum illegalen Verkauf durchbrechen.«

»Da haben Sie sich aber etwas vorgenommen, Kollegin«, sagt Pothmann. »Die ›Wilden Panther‹ sind uns ein Dorn im Auge. Eine gefürchtete Gruppe mit geballter Kriminalität.«

»Genau«, meint Brinkhues, steht auf und erläutert an der frischen Luft im Vorgarten des Nachkriegshäuschens seine Strategie: »Ich werde mit der Dienststelle Münster und der Drogenfahndung Verbindung aufnehmen, ebenfalls mit der Kreispolizeibehörde Warendorf«, sagt er. »Die wissen mehr über die Aktivitäten der ›Wilden Panther‹.«

»Ich unterrichte die Kollegen der Dienststelle Neubeckum«, fügt Pothmann hinzu. »Die haben stets Drogen und Waffenstress mit dem Club ›Wilde Panther‹.«

»Möglich ist, dass das gesuchte Motorrad auch da versteckt wurde«, mutmaßt Max.

»Richtig. Die Biker hausen wie die Vandalen in einem alten Abrisshaus, Überbleibsel eines alten Fabrikgebäudes aus der Gründerzeit«, sagt Pothmann.

Brinkhues fährt fort: »Ratzke ist flüchtig und wird zur bundesweiten Fahndung ausgeschrieben. Ein Haftbefehl ist ausgestellt. Der Durchsuchungsbeschluss wird auf den Rocker-Club in Neubeckum ausgeweitet. Ich spreche mit der Staatsanwaltschaft Münster. Der Einsatz in Neubeckum erfolgt heute, um 23 Uhr, da ist nach meinem Wissen immer offizielles Biker-Treffen im Club.«

»Wir arbeiten doch mit der Unterstützung des MEK?«, fragt Max.

»Natürlich. Mit den ›Wilden Panthern‹ ist nicht zu spaßen.«

»In Ordnung, geben Sie uns kurz vorher noch Bescheid, wann wir Sie abholen sollen«, fügt Pothmann hinzu.

»Wenn Sie um 22 Uhr mit Ihrem Dienstwagen an unserem improvisierten Tatortbüro, der alten Scheune in Schlossberg stehen könnten?«

»Geht in Ordnung«, sagt Pothmann und rüstet sich mit seinem Kollegen zum Aufbruch. »Wir müssen bedenken, dass wir die Bande überraschen wollen. Also keine Sirene mit Blaulichtparade, die alle aufschreckt.«

»Blaulichtparade, was meinen Sie denn damit, Frau Kollegin?«, fragt Pothmann leicht beleidigt.

»Was ich sage, fast lautlos anschleichen«, grinst sie entwaffnend. »Mit allen Einsatzwagen, Rettungsdienst, et cetera in Bereitschaft. Wir wollen ja nicht, dass die Biker dicht machen. Wir überraschen sie.«

»Ach so meinen Sie das«, sagt Pothmann zögernd. »In Ordnung.«

»Wir gehen also von einem Einsatz, heute, um 23 Uhr aus. Um die Zeit sind die ›Wilden Panther‹ in Hochform. Noch etwas, Kollege Pothmann«, Brinkhues versiegelt notdürftig die beschädigte Haustür, »würden Sie bitte einem Schlüsseldienst Bescheid geben, der diese Tür wieder notdürftig verschließt? Danach bitte die Tür noch einmal mit einem neuen Polizeisiegel versehen, und vielleicht ab und zu eine Streife vorbeifahren lassen. Könnte ja sein, dass der Bursche sich blicken lässt.«

»Wird gemacht Chef.«

Ein Knopf einer Uniform

Es ist 19 Uhr, als Max und Elisa nach weiteren Ermittlungen am Tatort in Schlossberg eintreffen.

Lagebesprechung: Kalthöner und Nachtigäller berichten, dass sie nichts Neues über das gesuchte Motorrad herausgefunden haben. Es gibt nur ein einen Monat altes Knöllchen, mit einem verwischten Foto eines rasenden Bikes, das in Westkirchen mit einer Geschwindigkeit von 95 km/h geblitzt wurde.

Wegen des fehlenden Kennzeichens konnte die Anzeige nicht zugestellt werden. Doch auf dem Foto war ein gebogenes Nummernschild zu erkennen, ohne Ortsangabe BMW R25 1950.

»Richtig Vintage«, rief Flaßkamp aus, »das ist das Original Kennzeichen der Firma. Total abgefahren, das Teil. So ein Prachtstück kostete damals 1750 Mark!«

Als das Team ihn überrascht anstarrt fügt er hinzu: »Das habe ich aus dem Internet.«

»Nun beruhige dich mal, Kleiner«, sagt Brinkhues, der Flaßkamp inzwischen ins Herz geschlossen hatte.

Allerdings gibt es Ergebnisse der Spusi.

Tatsächlich wurde der Rest einer alten Geschosshülse, die von einem Karabiner stammen könnte, im Erdboden beim Durchsieben des Grubenbodens gefunden. Die weitere Ausbeute besteht aus einem angerosteten Uniformknopf, mit einem minimalen Faserrest an der Öse des Knopfes. Er könnte von dem Jackett eines englischen Reiters stammen, ebenso die verrostete Hülse eines alten Feuerzeugs, und, das Highlight: Ein einfacher Goldring mit englischen Goldpunzen.

Gold vergeht nicht, Gold ist für die Ewigkeit, denkt Elisa und schaut auf ihren rechten Zeigefinger, auf den Ring, den Constantin ihr vor fünfundzwanzig Jahren ansteckte. *Es war wohl nur eine kleine Ewigkeit.* Sie vertreibt ihre trübe Gedanken.

»Die Fundstücke wurden bereits nach Münster gebracht, um kriminaltechnisch untersucht zu werden«, sagte Flaßkamp. »Geschosse, auch die jetzt gefundene Hülse aus dem oberen Teil der Grube, werden zum Vergleich dem BKA geschickt«, sagt Elisa zu Flaßkamp.

»Ach so, danke, wusste ich noch nicht.«

»Das mache ich mit einem Begleittext«, fügt Brinkhues hinzu.

»Eine DNA-Analyse, entnommen aus einem Knochenteil des Skeletts steht noch aus«, berichtet Kalthöner.

»Das Alter des erschossenen Mannes wird jetzt erst mal auf 40 bis 50 Lebensjahre geschätzt. Das gesamte Gutachten der Forensik wird uns wahrscheinlich morgen zugestellt«, fügt Heinrich Nachtigäller hinzu.

Wie in der Schule hebt der Jüngste, Tim Flaßkamp den Zeigefinger.

»Ich habe auch etwas zu berichten!«, sagte er munter: »Ein Herr der Schlossverwaltung war hier und hat uns eingeladen, unser Tatortbüro in eins der Wirtschaftsgebäude des Schlosses zu verlegen. Er war sehr freundlich und hat mir diesen Zettel mit seiner Telefonnummer gegeben. Er meinte, dass wir nicht hier, ›in so einem Saustall‹ hat er wörtlich gesagt, vernünftig arbeiten könnten.«

Brinkhues nimmt den Notizzettel von Flaßkamp, telefoniert gleich darauf mit der Schlossverwaltung, und bedankt sich für das Angebot.

»Ich habe vereinbart, dass wir heute noch, vor dem Einsatz in Neubeckum, den PC und das ganze Equipment, das mit unserer Arbeit zusammenhängt, rüberbringen.«

Er wendet sich um. »Könnt ihr das machen?« Brinkhues deutet auf Kalthöner und Nachtigäller.

»Natürlich«, stimmt Kalthöner zu und Nachtigäller nickt zustimmend.

»Den Rest erledigen wir morgen«, sagt Brinkhues und packt seine Akten zusammen.

»Schickt mir eure Berichte via E-Mail. Ich fahre gleich zur Dienststelle nach Münster und werte die eingegangenen Fax-Nachrichten aus. Leute! Es sind doch tatsächlich einige Hinweise aus der Bevölkerung eingegangen, die angeblich das Skelett an mehreren Orten gesehen haben wollen!«

Alle müssen herzhaft lachen. Die Atmosphäre entspannt sich.

»Chef, Sie sprachen von einem Einsatz?«, fragt Flaßkamp, dreht vor Aufregung Notizzettel zu Papierkügelchen und schaut erwartungsvoll mit glänzenden Augen seinen Chef an, der ihn um Haupteslänge überragt.

Wie Fuchs und Hase, denkt Elisa.

»Ja klar, Tim. Du kannst nicht nur mitkommen, du musst. Willst doch was lernen.«

Brinkhues Blick streift über die Truppe.

»Wir treffen uns hier mit Schutzwesten und allem Pipapo um 22 Uhr. Kollegen der Schutzpolizei sind mit den Einsatzwagen Pony 31/20, 31/82, Pony 90/01 und 31/79 hier vor der Scheune. In Schlossberg selbst würden wir in unserer Aufmachung zu sehr auffallen.«

Knocking on Hells Door

»Max, ich möchte schon gerne wie ein Rocker aussehen, aber mit der dicken Schutzweste unter der Lederjacke sehe ich eher aus wie ein Nudelholz.«

»Solange du dort keins über den Kopf bekommst. Bei den Rockern ist alles möglich. Sie zeigen geringe Bereitschaft, mit der Polizei zusammenzuarbeiten.«

»Weiß ich doch. Dafür zeigen sie ihre Zusammengehörigkeit durch aufgemotzte Klamotten und gleiche Abzeichen.«

»Und wer im Club gegen Regeln verstößt, bekommt ganz massiv Ärger.«

»Hoffentlich machen sie uns keinen Ärger.«

Max nickt. »Heute werden wir sie ärgern.«

Er sieht Elisa liebevoll an, nimmt sie fest in die Arme und küsst sie. »Das habe ich schon sehr vermisst.«

»Ich auch. Fortsetzung folgt, aber jetzt ist es zu spät.«

Max schmunzelt. »Ich werde dich erinnern.«

»Los geht's, die ›Wilden Panther‹ warten«, drängt sie, fasst seine Hand und zieht ihn die Treppe herunter, zum Ausgang des Gasthauses.

Dort steht mit laufendem Motor Pothmann mit seinem Einsatzwagen. Brinkhues hat neben ihm Platz genommen.

Max und Elisa setzen sich auf die Rückbank.

Es ist 22:45 Uhr, als alle Einsatzwagen weiträumig und kreisförmig das Clubgebäude der ›Wilden Panther‹ umstellen. In einem Nebenweg, nicht zu erkennen, parkt das schwarze Fahrzeug des MEK. Ein Rettungswagen steht in einer Parallelstraße bereit.

Vermummte MEK-Beamte verteilen sich lautlos um das Gebäude und auf einem angrenzenden Dach.

Der Mond bescheint mit einem bleichen Hof das alte Fabrikgebäude mit der jahrzehntealten Zementpatina. In der Ferne ist im kalten Mondlicht eine gespenstisch wirkende Silhouette von Schornsteinen anderer Zementwerke zu ahnen.

Die Stille wird durch dröhnende, düster klingende Musik zerfetzt, die herausdringt, wenn ein Biker vor die Tür des Clubhauses tritt.

»Organisierter Lärm!«, schimpft Brinkhues.

Hier und da glühen Zigaretten eines heraustretenden Bikers auf und erlöschen, bevor die Tür des Clubs wieder zuknallt.

Alle Einsatzkräfte sind verkabelt und stehen unter Hochspannung. Das Team wartet auf den Einsatzbefehl.

Elisa erschrickt, als nach nervenzehrenden Minuten des Wartens der Einsatzbefehl in ihr Ohr dringt.

Sie steigt mit Max aus dem Fahrzeug. Beide gehen im Gleichschritt auf die Tür des Clubhauses zu. Im Hintergrund lauern die Kollegen, mit Widerstand rechnend, bereit zum Sturm auf das Gebäude.

Am Portal des Clubhauses angelangt, schlägt Elisa mit einem, in Hammerform gegossenen Türöffner an die massive Eingangstür. *Das Symbol Hammer,* denkt Elisa, *soll wohl an den germanischen Donnergott Wotan erinnern.*

Ruckartig öffnet sich die Tür, um sich sogleich wieder zu schließen. Ein Schwall rauchgeschwängerter Luft schlägt Elisa und Max entgegen. Ein Mann wie ein Kleiderschrank steht mit grimmigem Gesicht vor dem Portal des Eingangs, das von Säulen gestützt wird.

Das sieht aus wie eine Festung, denkt Elisa.

Der Türöffner stemmt seine tätowierten Arme in die Hüften und schweigt düster. Die gestochenen Meerjungfrauen-Tattoos, die ein wahres Genie auf seinen Armen platziert hatte, kräuseln sich in der Ellenbeuge des Kleiderschranks. Seine schwarzen Lederklamotten mit gefährlich wirkendem Pantherlogo spannen sich über der Hünenbrust. »Was wollt ihr hier!«, brüllt er, und das klingt gar nicht einladend.

Aua mein Trommelfell, denkt Elisa und sagt: »Wir wollen nur mal rein. Hier soll mehr los sein als in dem verschlafenen Ennigerloh«, säuselt sie und klimpert mit den Augen.

»Nur für Mitglieder«, dröhnt es aus dem Mund des Riesen, der bedrohlich näher kommt und eine Hand in die hintere Hosentasche schiebt, einen abschätzigen Blick auf Elisa gerichtet.

»Er ist bewaffnet«, damit hat sie gerechnet. Es sind nur Sekunden, in denen er ihr nah, viel zu nah kommt. Sie registriert sein fettiges Haar, das nach abgestandenem Essen riecht und zu einem mickrigen Pferdeschwänzchen gebunden ist. Den Körpergeruch, der sie an die Ausdünstung eines Stiers erinnert, die Bizeps, die sich bereits gefährlich spannen, und die Alkoholfahne, die sie benebelt. Doch sie bleibt standhaft, starrt ihn ebenfalls an.

Statt ihn zu reizen, zum Beispiel mit dem Vorschlag: »Wie wär's mal mit ner Dusche?«, nimmt sie sich zurück. Keine Zeit für Scherze. Sie hat wirklich keine Lust, als Lochmuster im Zementstaub zu landen.

»Wir haben eine Eintrittskarte«, schreit sie, um den Lärm zu übertönen.

Max und sie zücken ihre Dienstmarken. Der Kleiderschrank scheint wenig beeindruckt zu sein. Pokerface.

»Und einen Durchsuchungsbeschluss für die Räume haben wir auch, mein Herr«, sagt Brinkhues, der heranprescht, sich vor dem Riesen aufbaut und das Dokument vor dessen Nase hin- und herschwingt.

Angespannte Stille. Die Musik setzt schlagartig aus. Der

Wächter muss ein Signal nach innen gegeben haben. Zu hören ist jetzt nur sein schwerer Atem. Sein, mit engem Lederoutfit bespannter Brustkorb, bläht sich auf. Wütend stößt er hervor: »Hauen Sie ab! Kein Zutritt für Bullen. Mit dem Wisch können Sie sich den ...«

»Sparen Sie sich die Beamtenbeleidigungen«, klingt es unbeeindruckt aus Brinkhues Mund. »Wir haben einen Durchsuchungsbeschluss und Haftbefehle wegen Verstößen gegen das Betäubungsmittelgesetz, unerlaubten Waffenbesitz und wegen versuchten Totschlags Ihres Mitglieds Kevin Ratzke ... Nehmen Sie Vernunft an! Sie können gerne einen Anwalt ...«

»Was soll der Mist, Opa!«

Opa? Meine Güte, denkt Elisa, *Bernd ist höchsten 39 Jahre.*

Immer noch die Hand an seiner Waffe, schreit der Wächter: »Scheren Sie sich doch zum Teufel, oder ...«

Und es ist wirklich Teufel, der umgestoßen wird, als sich plötzlich das Tor zur Hölle öffnet.

Wilde Kerle stürmen hinaus und Beamte des MEK hinein. Erstere werden sofort festgenommen und zum Einsatzwagen geführt. Die Gegenwehr ist heftig, Arme und Beine wirbeln in der Luft.

Das MEK verteilt sich im Clubhaus. Brinkhues, Max und Elisa können in Ruhe das gestürmte Gebäude durchsuchen.

Währenddessen sind Kalthöner und Nachtigäller gut beschäftigt, mit den uniformierten Kollegen Handschellen zu verteilen, Personalien aufzunehmen, zu überprüfen und Strafanzeigen zu verfassen.

Das Untersuchungsgefängnis wird in dieser Nacht nicht leer bleiben und den größten Teil der Bandenmitglieder beherbergen müssen. Sie haben die Wahl auf einen Kurzurlaub hinter Gittern oder, je nach Straftat, eine Erlebnisreise anzutreten, die Jahre lang dauern kann.

Es ist wie Weihnachten. Die Beute besteht aus Drogen jeder Art, gehorteten Elektrogeräten, Handys, Schmuck, Nazischriften und verbotene Abzeichen mit Hakenkreuzstickern werden beschlagnahmt und füllen drei Kisten.

Tim Flaßkamp darf zum ersten Mal in seiner Lehrzeit einem Rocker Handschellen anlegen, natürlich einem, der klein und mickrig gestaltet ist, denn das Team möchte seinen Anwärter gerne lebend wieder mitnehmen.

Und siehe da, was steht im angrenzenden Schuppen: Ein altes BMW R25 Motorrad aus dem Jahr 1950. An dem Lenkrad hängt ein amerikanischer schwarzer ›Bill Helm‹ mit seitlichen, rot-gelben Streifen.

Der Mond hat sich hinter dunklen Wolken verzogen, so als wolle er nicht weiter Zeuge dieses Schauspiels sein. Das blaue Licht zahlreicher Polizeifahrzeuge stößt grelle Blitze in den Nachthimmel.

Trotz starker Gegenwehr der ›Wilden Panther‹ gibt es keine schweren Verletzungen. Blaue Flecken, Keilereien, ein ausgeschlagener Zahn, Platzwunden, Verstauchungen und blutende Nasen zählen für Helden nicht.

Erfolg? Es ist kein einziger Schuss gefallen.

Nur einer fehlt: Kevin Ratzke. Er ist ihnen durch die Maschen geschlüpft.

Heimfahrt

Es ist bereits zwei Uhr morgens, als Polizeikommissar Pothmann seinen Einsatzwagen zurück zum Tatort in Richtung Schlossberg steuert. Neben ihm hat Max Platz genommen und auf der Rückbank sitzen Nachtigäller und Elisa Fuchs.

Bleierne Müdigkeit überkommt sie. Würde Max neben ihr sitzen, würde sie ihren Kopf an seine Schulter legen und er könnte sie mit den Armen umfassen. Sie seufzt. Immer wieder fallen ihr die Augen zu und ihr Kopf sinkt auf die Seite. *Ich kann doch nicht an Nachtigällers Schulter einschlafen,* denkt sie.

Um wach zu bleiben, kneift sie sich tapfer in die Arme und Hände, sobald ihre Augenlider schwer werden.

Plötzlich erschrickt sie. Nachtigällers Kopf ist gegen ihre Schulter gefallen und er schnarcht! *Um Gottes willen,* denkt sie. *Ich muss es einfach ertragen.*

»Was ist denn da hinten los?«, fragt Max mit einem beunruhigten Unterton in der Stimme.

»Nachtigäller schläft in meinen Armen und ich kann ihn nicht loswerden, er ist so schwer wie ein Sack Korn.«

»Kneif ihn in die Nasenscheidewand, dann wird er wach, der alte Schnarchhahn!«

»Max, so kann man mit einem Kollegen doch nicht umgehen.«

»Doch, es ist ein Notfallgriff, um zu prüfen, ob jemand bewusstlos ist.«

»Nachtigäller ist doch nicht bewusstlos.«

»Doch, wenn er schnarcht schon. Wende den Kniff an.«

»Ich werde dich mal daran erinnern, wenn du schnarchst«, sagt Elisa und kichert.

Auf dem Rückweg halten sie am Tatort und sind verärgert. »Immer wieder ist das Siegel durchgerissen, irgendjemand schleicht hier nachts herum«, tönt Brinkhues, der inzwischen auch angekommen ist. »Wir müssen erst noch die Ergebnisse der Forensik und der KTU abwarten, ehe wir es entfernen. Ärgerlich…«, schimpft er, »der Platz muss stündlich von einer Streife angefahren werden.«

»Stündlich! Wir hatten in der letzten Nacht zwei Beamte für den Tatort abgestellt. Ab jetzt muss das Kontrollieren durch eine Streife ausreichen. Beamtennotstand!«

»Genau, Kollege. Der Beamtennotstand ist ein Problem«, stimmt Brinkhues dem Kollegen zu und kratzt wieder einmal sein dichtes Haar und die Denkerstirn. »Kollegin und Kollegen, ab in die Unterkünfte und vielen Dank für euer Mitwirken. Gute Nacht.«

Polizeikommissar Pothmann bringt Elisa und Max zum Gasthof Beerenkötter.

»Danke«, ruft Elisa ihm beim Abschied zu, »und weck den Nachtigäller rechtzeitig, wir brauchen ihn morgen, ach nein. Wir haben ja schon morgen!«, sagt sie verschlafen.

Pothmann nickt und braust mit dem schnarchenden Nachtigäller, der in Warendorf wohnt, in die Nacht hinaus.

Elisa verabschiedet sich an der Tür ihres Hotelzimmers gähnend von Max.

Elisa träumt

Nach einer Katzenwäsche fällt sie in einen tiefen, unruhigen Schlaf. Diese Nacht mit den beeindruckenden Erlebnissen, den Hinweis des Zeugen Alwin auf die Anwesenheit ihres Vaters in der Tatnacht, der Gewitternacht auf dem Hof, bedrücken Elisa. Sie ist aufgewühlt. War ihr Vater in die Ereignisse dieser Nacht verwickelt? Die Recherchen verstärken das ungute Gefühl. Immer mehr Erinnerungen tauchen in ihrem Gedächtnis auf.

Der Traum führt sie nach Hause auf den elterlichen Bauernhof. Sie liegt in ihrem Kinderbett, in dem Raum, der an die Mauern der Remise grenzt.

Im Nachbarbett schläft ihre ältere Schwester Anna. Elisa wird wach. Sie hört eine Tür auf- und zugehen. Es muss die Tür vom Stalldurchgang zur Küche sein, die beim Zuschlagen einen bestimmten Klang hat.

Vater ist doch zum Skatabend? Mit wem spricht Mutter an der Tür? Ist das die Stimme des Engländers, der ihr, wenn sie ihm im Pferdestall oder in der Küche begegnet, oft Schokolade schenkt?

Sie weiß, dass am nächsten Tag das Turnier zu Ende geht. Sie hat am Nachmittag mit ihrem Freund Theoken nach dem Ende des vorletzten Turniers unter den Bänken der Freilichtbühne des Reitplatzes gesessen. Sie haben aufgesammelt, was den Zuschauern aus den Taschen gefallen war. Die Ausbeute waren Bömskes, Tempotücher, Schokoladenriegel, Zigaretten, Knöpfe, Pfennige und sogar ein Fünfzigpfennigstück. Dafür konnten sie sich in der Dorfbäckerei fünf Teilchen kaufen. Danach tat ihnen der Bauch weh.

Im Traum steht Elisa aus ihrem Bett auf und öffnet ganz leise die Schlafzimmertür. Dabei stößt sie versehentlich gegen den Weihwasserengel. Das Weihwasser spritzt heraus. Fast wäre der Engel heruntergefallen. Sie muss aufpassen. Sie kann ihn noch so gerade am Flügel festhalten. Weihwasser läuft über ihre Hand. Sie bekreuzigt sich, wie immer, wenn sie mit Weihwasser in Berührung kommt. Vorsichtig öffnet sie die Schlafzimmertür. Die alten Türschlösser und -angeln haben unterschiedliche Stimmen. Die Kinder wissen das, kennen das Knarzen und Quietschen und das helle Kreischen der Tür der Vorratskammer, in der es Naschsachen gibt.

Diese Geräusche zu kennen ist wichtig, wenn man heimlich ausbüxen, naschen oder jemanden belauschen will, zum Beispiel die Eltern.

In der halbdunklen Küche sieht Elisa nun, dass der Engländer einen Arm um die Mutter legt und über ihre Haare streicht. Weint die Mutter etwa?

»Oh my dear…«, hört Elisa den Engländer sagen, weiß aber nicht, was das bedeutet. Jetzt beugt sich der Colonel zur Mutter herunter und küsst sie. Elisa hat noch nie gesehen, dass Vater und Mutter sich vor den Kindern küssten. »Das gehört sich einfach nicht«, hatte der Vater einmal gesagt. Mit einem unguten Gefühl verzieht sie sich wieder ins Bett. *Wenn der Vater jetzt kommt? Was hat die Mutter nur? Tut ihr was weh?*

Irgendwie weiß Elisa, obwohl sie noch klein ist, dass der Vater nicht wissen darf, dass der Colonel allein mit der Mutter in der Küche war, dass die Mutter geweint und der Colonel sie geküsst hat.

Ein Geräusch erschreckt Elisa. Aus der Traum! Sie wacht auf, ist im Hier und Jetzt, im Gasthaus Beerenkötter. Irgendein Idiot rast mit einem Auto mit kaputtem Auspuff um den Kirchplatz. Sie schaut auf die Uhr. Es ist 4:30 Uhr. Der Datumszeiger zeigt den 18. August 2004 an, und ihr Dienst beginnt um 8:30 Uhr.

Ich habe geträumt, was ich schon lange ahnte. Der Colonel und die Mutter liebten sich damals. Ich werde die Fakten aufschreiben, damit ich es nach dem Aufwachen noch weiß. Stichpunktartig macht sie sich Notizen. *Bin ich eigentlich nur aus Träumen gewebt?,* fragt sie sich. *Jetzt brauche ich noch eine Mütze voll Schlaf.*

Und sie schlummert wieder ein. Der Mond beleuchtet ihre schlanke Gestalt. Das Bett ist zerwühlt und die rotbraunen Haare verteilen sich fächermäßig über das Kopfkissen. Ein nackter Fuß hängt über der Bettkante. Elisas Gesichtszüge sind unruhig. Sie wälzt sich von einer Seite auf die andere.

Das alte Haus, es verfolgt sie schon wieder, dringt in ihre Träume, lässt sie nicht mehr los. Sie erlebt eine Erinnerung aus dem gleichen Jahr. Das Turnier ist längst vorbei, Weihnachten naht.

Sie liegt neben der Mutter im Bett. Das ist eine absolute Ausnahme zu dieser Zeit. Auch Zärtlichkeiten zwischen den Eltern und Kindern sind in der Familie verpönt.

»Das verweichlicht nur«, meint der Vater.

Jetzt ist er dienstlich für vier Tage verreist. Nie zuvor durfte Elisa im Bett der Mutter kuscheln.

»Ich zeige dir mein Geheimnis«, flüstert ihr die Mutter zu. »Das Baby in meinem Bauch hat sich bewegt, willst du mal fühlen«, fragt sie Elisa mit leiser Stimme.

»Das Baby?«, staunt Elisa mit großen Augen. »Ich habe gar keinen Klapperstorch gesehen.«

Die Mutter lacht, kann nicht mehr aufhören. »Und Zucker hast du auch nicht auf die Fensterbank gelegt, oder?«, neckt sie.

»Nein, hab ich nicht«, sagt Elisa und schaut aufrichtig in die Augen der Mutter.

»Ja, dann hat der Esel es im Galopp verloren«, meint die Mutter, nimmt vorsichtig die Hand des Kindes und legt sie auf ihren gespannten Leib. Elisa spürt beglückt, dass sich etwas gegen ihre Hand stemmt und dass Mutters Bauch ab und zu kleine bewegliche Beulen bekommt.

»Du bekommst ein Brüderchen oder Schwesterchen«, sagt die Mutter, schreckt zusammen und deckt sich wieder zu, weil eine Tür im Haus knallt.

Wieder erwacht Elisa aus ihren Träumen. Ihr Hals ist trocken. Sie geht zum Waschbecken ihres Hotelzimmers, dreht den Wasserhahn auf und trinkt gierig, mit großen Schlucken, ein Glas Wasser leer.

Morgen stelle ich mir eine Wasserflasche hin, denkt sie.

Sie grübelt weiter. Was dieser Fall alles in mir bewegt.

Die Ermittlungen bringen meine Erinnerungen in Schwung. Und jetzt erinnere ich mich an eine Szene, an die ich jahrelang nicht mehr gedacht habe.

Es war im Frühjahr 1953. Ich war mit der Mutter in der großen Bauernküche mit den kalten Steinplatten, deren Fugen sich wie ein Netz von dunklen, schmutzigen Adern über den Boden zogen und uns ängstigten. Ich ging zum Küchenschrank. Um der Mutter beim Abwasch zu helfen, holte ich für sie ein rot kariertes Geschirrtuch aus Halbleinen aus dem Schrank mit den kostbaren Sammeltassen. Ich war stolz, weil ich helfen durfte, denn die Mutter sollte sich schonen. Ich ging schon zur Schule und war sechs Jahre alt.

Als ich vom Stalldurchgang in die Wohnküche trat, sah ich meine Mutter. Sie lehnte am Türpfosten, in der Öffnung der großen Eichentür, die zum Garten führte. Sie schien entspannt, und ganz in sich versunken zu sein.

Die Dunkelheit der Bauernküche ließ die Konturen der Schwangeren gleich einem Scherenschnitt im Halbprofil hervortreten. Das von draußen hereinscheinende, warme Licht des Frühsommernachmittags legte leuchtende Reflexe auf die Umrisse der Mutter, die jetzt mit geschlossenen Augen im Türrahmen stand, die Hände wie schützend auf ihren Bauch gelegt.

Meine Mutter war hochschwanger.

In diesen ersten Monaten des Jahres 1953 verschwand die bedrückende Schwere, die in den Monaten zuvor oft wie eine unsichtbare Last auf den Schultern der Eltern gelegen hatte.

Wir waren zu einer Familie in froher Erwartung geworden. Ein freudiges Ereignis kündigte sich an. Das Geheimnis kannte nur die Mutter. Mutter war guter Hoffnung. Nur sie und ich wussten von ihrer Zuneigung zum Colonel, weil ich sie auf Schritt und Tritt beobacht habe. Ich muss zugeben, dass ich stets die Hoffnung hegte, Schokolade zu ergattern. Erst jetzt begreife ich, was damals geschah. Erst jetzt, nach so vielen Jahrzehnten, durch ein vermodertes Skelett in einer Grube.

Es ist normal, dass Frauen Kinder gebären. Warum nicht? Die Mütter der Freundinnen bekamen auch Kinder. Aber die Mütter waren jünger, nicht schon vierzig Jahre alt, und die Väter ihrer Freundinnen waren alle jünger als ihr Vater. Niemand hatte einen Grund, das in den Zusammenhang mit dem Colonel zu bringen, der längst abgereist war. Niemand? Nein. Ich zweifle inzwischen daran, weil ich mehr gesehen habe. Die nächtliche Abschiedsszene in der Küche, deren Bedeutung mir erst als erwachsene Frau klar wurde.

Vater freute sich im Hinblick auf die späte Geburt mit dem Satz »Eine frische Rose am alten Stamm …«

»Hat er jemals etwas geahnt?«, fragt sich Elisa und macht sich bereit für den Dienst. An Schlaf ist sowieso nicht mehr zu denken. Sie hat genug Stoff für die nächste Dienstbesprechung in der neuen Unterkunft, dem Verwaltungsgebäude des Schlosses.

Die fremde Schwester

Elisa und Max treffen sich im Frühstücksraum des Gasthofes Beerenkötter.

»Hast du in der Nacht mit einem Rocker gekämpft? Ich mache gerne Komplimente, Elisa, aber heute siehst du nicht fit aus.«

»Geht schon Max. Ich habe wenig geschlafen und aufschlussreiche Träume gehabt.« Sie gähnt herzhaft. »Ich bin den Spuren der Vergangenheit gefolgt.«

»Erzähl mal. Arbeitest du neuerdings auch noch im Schlaf?«

»Scheint so. Ich berichte gleich in der Dienstbesprechung. Ist noch Kaffee in der Kanne?«

»Natürlich.«

»Die Koffeininfusion tut mir gut«. Aufatmend setzt sie die Tasse ab.

»Begleitest du mich zum Schloss, zur neuen Ermittlungszentrale?« Sie sieht auf die Uhr, »So in etwa zwanzig Minuten? Ich muss noch meine Notizen von oben holen.«

»Klar, ich warte unten auf dem idyllischen Kirchplatz und schau mich ein wenig um.«

Der Weg zum Schloss ist kurz und von Heckenrosen gesäumt. Schweigend gehen Elisa und Max nebeneinander her, Hand in Hand.

»Schön ist es hier. In dieser Gegend sollten wir mal richtig Urlaub machen.«

»Gerne, wenn wir nicht gerade über ein Skelett stolpern.«

Im Besprechungsraum ist das ganze Team versammelt. Brinkhues, Kalthöner, Nachtigäller und Flaßkamp sitzen um einen ovalen Holztisch und schauen dem Paar erwartungsvoll entgegen. Es riecht nach Kaffee und frischen Brötchen. Ein geöffnetes Fenster zeigt einen Blick auf die Schlossgräfte, den

Wassergraben, der das Schloss umgibt.

»Prima!«, ruft Elisa aus. »Wer hat das denn spendiert?«, sie deutet auf das Frühstück.

»Eine freundliche Dame der Schlossverwaltung. Sogar eine Kaffeemaschine ist da.«

»Der PC ist auch schon angeschlossen«, meldet sich Tim Flaßkamp zu Wort.

»Wir können loslegen«, sagt Brinkhues aufgeräumt.

»Elisa hat traumhafte Neuigkeiten«, sagt Max.

»Manchmal sind Träume Schäume, so sagt ein altes Sprichwort«, gibt Brinkhues zu bedenken und kratzt sich den Schopf.

»Meine neuesten Erkenntnisse sind sehr lebendig.« Elisa macht eine Pause und schaut in die Runde.

»Ich habe eine Schwester, die neun Monate nach dem Turnier, im Juni 1953, in dem Bauernhaus, unserem Ermittlungsschwerpunkt, geboren wurde. Sie heißt Charlotte und ist jetzt 51 Jahre alt.«

»Na und?«, meint Nachtigäller. »Ich habe auch eine 51-jährige Schwester. Wo ist das Problem?«

»Heinrich!«, ruft Brinkhues. »Es geht hier um einen Zeitraum von neun Monaten nach dem Remisenmord.«

Jetzt sackt die Nachricht ins Hirn der Anwesenden und schlägt wie eine Bombe ein.

Elisa führt dem staunenden Team ihre Erinnerungen vor Augen, die sie die halbe Nacht nicht schlafen ließen.

»Meine Mutter hat sich damals verliebt. Ich habe in der Nacht von meiner Kindheit geträumt. Eine vertrauliche Szene zwischen Mutter und dem Colonel im Traum beobachtet. Ich weiß genau, dass sich meine Mutter, einige Wochen danach aufs Rad setzte und ins Dorf fuhr. Nach ihrer Rückkehr überraschte sie den Vater mit der Nachricht: ›Wir bekommen nochmal ein Baby. Ich war bei der Frauenärztin.‹ Mein Vater hat diese Nachricht mit einem Westfälischen Korn begossen.«

Stille im Team.

»Es könnte durchaus sein, dass meine jüngste Schwester ...«

»Tochter des Colonels ist?«

»Möglich.«

Mit Spannung verfolgen die Kollegen Elisas Bericht und tauchen ein in das Jahr 1952, durchleben die Ereignisse und die Emotionen der auf dem Hof lebenden und arbeitenden Menschen, geprägt von Bewunderung, Neidgefühlen, Eifersucht, bis hin zu mörderischem Hass.

»Das sind ganz neue Aspekte«, meint Brinkhues und unterbricht das Schweigen, das sich während Elisas Bericht im Raum verbreitet hat.

»Ein DNA-Abgleich könnte im Hinblick auf die Vaterschaft Tatsachen schaffen.«

»Natürlich. Die DNA Analyse aus den Skelettknochen trifft in den nächsten Tagen ein. Ich überlege, Verbindung zu meiner Schwester Charlotte in Hamburg aufzunehmen. Sie ist bestimmt zu einem DNA-Abgleich bereit«, meint Elisa.

»Ja gut, mach das. Ich werde mit der Kripo Hamburg Kontakt aufnehmen und darum bitten, dass jemand von den Kollegen bei deiner Schwester eine DNA-Probe entnimmt. Dann heißt es abwarten«, sagt Brinkhues.

Kommissar Kalthöner meldet sich.

»Ich habe eine Liste der bisher gefundenen und noch nicht ausgewerteten Spuren dabei.«

Elisa schaut ihn an. *Er ist cool und distinguiert, hat etwas von einem Manager. Ein feiner, ein wenig introvertierter Ermittler, kollegial und nie anbiedernd,* denkt sie und hört dem Kollegen bei seinen präzisen Ausführungen zu.

»Zusammenfassung: Im Boden des oberen Bereichs der Remise, wurde, wie ihr wisst, eine Geschosshülse gefunden. Die an einem Tatort gesicherten Patronen und Hülsen, werden von der KTU über einen Meldedienst, dem Schusswaffenerkennungsdienst des BKA dort erfasst.«

»Schusswaffenerkennungsdienst?«, fragt Flaßkamp und sperrt den Mund auf. »Das wäre ja mal ein toller Begriff für ein Kreuzworträtsel.«

»Klappe«, sagt Brinkhues. »Lass die Scherze, die Lage ist ernst!«

Kalthöner fährt ungerührt fort: »Beim BKA befindet sich, wie ihr wisst, eine zentrale Einrichtung der deutschen Polizei für alle unaufgeklärten Schusswaffendelikte.« Er räuspert sich.

»Das kann für uns sehr hilfreich sein, denn jede Waffe, jedes Geschoss hat ganz individuelle Spuren. Das ist genauso überzeugend wie ein menschlicher Fingerabdruck mit seinen ganz individuellen Linien.«

»Danke, Karl.«

»Außerdem fanden wir in der Grube, genau da, wo das Skelett vorher lag, einen Goldring mit englischer Punze, 18 Karat, und einem schreitenden Löwen, das ist auch ein Zeichen für Britannien. Der Ring wird noch genau überprüft. Wenn wir Glück haben, sind noch die Punze des Goldschmieds und das Symbol der Stadt, in der dieser Ring hergestellt wurde, zu erkennen«, wirft Nachtigäller ein.

»Auch das Erkennen eines gravierten Namens im Ring wäre möglich, wenn es sich um einen Trauring handelt. Ich frag mal nach«, fügt Elisa hinzu.

»Ferner gibt es Fasern, hauchzart, kaum zu erkennen in der penibel abgetragenen Erde, gefunden unter dem Skelett in Beckenhöhe. Die Auswertung läuft.«

»Ja, und dann haben wir noch etwas gefunden, das gar nicht zu diesem Fall passt. Eine Tonscherbe mit Majolika-Malerei, wahrscheinlich von einer kleinen Schale, die, so sagte mir ein

Experte des Museums in Münster, aus dem frühen 19. Jahrhundert stammt. Das Gutachten folgt«, erklärt Max und fährt sich durch sein gepflegtes Haar.

Meine Güte, denkt Elisa. *Jetzt fällt es mir erst auf. Max ist im Dienst und trägt keine Fliege. Irgendetwas fehlte doch, aber wegen der Hitze …* Sie schreckt auf. Flaßkamp hat sie durch seine hell klingende Stimme aus ihren Überlegungen geholt.

»Mein Gott, ist das spannend«, ruft er dazwischen. »Das spricht doch dafür, dass die Grube schon lange besteht, und früher auch genutzt wurde …«, er holt kurz Luft.

»Und irgendwann hat ein neuer Besitzer gedacht, ›was soll das alte Loch? Heutzutage gibt es andere Kühl- und Lagerungsmöglichkeiten. Wir renovieren und schütten Erdreich über die alte Holzklappe. Ist preiswerter als die Grube aufzufüllen, denn für eine alte Remise reicht das‹. Wolltest du das sagen?«, fragt Kalthöner und lächelt doch tatsächlich.

»Ja, und vielleicht war es auch mal ein Gefängnis«, schwärmt der junge Anwärter erneut. »Und aus der Schale musste der Gefangene seinen Todestrank zu sich nehmen.«

»Dichtung und Wahrheit, träum weiter«, widerspricht Brinkhues streng. »Unser Tim malt sich in Gedanken den Tatort wildromantisch aus. Schreib lieber ein Märchen!

Nach bisherigen Erkenntnissen haben wir es mit einem aufgesetzten Schuss zu tun, der beide Schläfen des Opfers durchdrungen hat. Das ist gemeiner, vorsätzlicher Mord nach § 211 STGB, und zwar aus niederen Beweggründen.«

Mit durchdringendem Blick sieht er in die Runde.

»Ferner haben wir die Hoffnung, dass Elisas Schwester Charlotte die Tochter des Opfers ist. Ein Liebesverhältnis der Frau des Verwalters wird den Ehemann verärgert haben.

Sehr verdächtig ist der Aufseher Ratzke, denn bei ihm wurde Eigentum des Opfers gefunden.

Die Auswertung der Box ist für morgen angekündigt worden. In dritter Reihe stehen noch der Landarbeiter oder ein englischer Kollege des Opfers. Das scheint aber weit hergeholt.«

»Es gibt es noch eine weitere Zeugin, die wir befragen möchten. Max und ich haben vor, am Nachmittag das Altenheim ›Marias Zuversicht‹ in Warendorf zu besuchen.«

»Ach, ist es schon so weit? Ihr wirkt noch relativ jung.«

»Bernd! Du weißt doch, dass wir die Zeugin Gutzke, die Frau des Schweinehirten, befragen möchten. Sie kann sich vielleicht noch an die Zeit erinnern. Allerdings ist sie 88 Jahre alt.«

»Ach du meine Güte, unsere Zeugen werden auch nicht jünger. Geht los, fragt sie aus. Wir werden uns noch weiter mit dem schwarzen Biker beschäftigen. Der muss doch zu fassen sein. Immerhin ist er bewaffnet und eine Gefahr, nicht nur für uns. Auch werde ich in der Forensik und der KTU auf den Busch klopfen.«

»Stimmt, denn wenn wir uns nicht beeilen, sterben uns die Zeugen unter den Händen weg. Und dann haben wir erst recht viel Trouble«, sagt Elisa und macht sich mit Max auf den Weg.

Seniorenheim ›Maria Zuversicht‹

Elisa und Max betreten das Portal des im neugotischen Stil erbauten Seniorenheims ›Maria Zuversicht‹ in Warendorf.

Sie klingeln. Es hat zu regnen begonnen und sie stellen ihre Regenschirme in einen Bronzeständer neben dem Eingang.

Eine freundliche Schwester im grauen Habitus und mit weißer Kopfbedeckung kommt ihnen an der Tür entgegen.

»Grüß Gott, ich bin Schwester Margret, zu wem möchten Sie?«

»Wir möchten Frau Elena Gutzke besuchen und uns mit ihr unterhalten.«

»Sind Sie verwandt mit Frau Gutzke?«

»Nein, Schwester. Wir müssen sie wegen eines Todesfalles befragen, der schon lange zurückliegt. Wir hoffen, dass ihre Angaben uns eventuell weiterhelfen können.«

»Sind Sie von der Polizei?«

»Ja«, sagt Elisa. »Ich bin Elisa Fuchs und das ist mein Kollege Kriminalkommissar Max Teufel. Wir arbeiten zurzeit für die Mordkommission Münster.«

»Ach Gott, hat Frau Gutzke etwas angestellt? Sie geht schon seit zehn Jahren nicht mehr aus dem Haus und ist ganz friedlich.«

»Nein, Schwester Margret. Es geht um einen Fall, der auf dem Hof, auf dem sie beschäftigt war, vor 52 Jahren geschah. Wir befragen Elena Gutzke nur als Zeugin«, erklärt Elisa.

»Frau Gutzke ist nicht mehr sehr beweglich, aber geistig noch rege. Ein Fall von 1952«, murmelt die Schwester. »Ob ich selbst mich noch erinnern könnte? Ach was, kommen Sie einfach mit.«

Max und Elisa treten in das gepflegte Entree ein. Bohnerwachsgetränkte Luft wabert ihnen entgegen und eine Prise Essensduft. Elisas Magen knurrt.

Am Ende des Ganges öffnet die Schwester eine Tür.

»Frau Gutzke, Sie haben Besuch!«

»Besuch? Vom Pastor? Der kann reinkommen in die gute Stube.«

»Nein, eine Dame und ein Herr von der Kriminalpolizei.«

»Kripo? Tatort? Kommen die jetzt auch live ins Heim? Dat is abba schön«, freut sich die alte Frau.

Elisa und Max treten ein. Frau Gutzke sitzt in einem alten Sessel mit verblichenem, grünem Veloursbezug.

Die Schwester schaltet den Fernseher aus, in dem gerade ein Krimi auf Hochtouren läuft.

»Ich bin Elisa Fuchs und das ist mein Kollege Max Teufel.« In dem Moment kommt Schwester Margarete mit drei Tassen Kaffee herein und schließt leise die Tür hinter sich.

Neugierig wache Augen, umgeben von hunderten von Knitterfältchen, schauen Max und Elisa prüfend an. Die grauen Haare der Frau sind zu einem kleinen Knoten auf dem Kopf zusammen gebunden. Das ganze Gesicht ist ein freundliches Knitterfaltenmeer, und die eingefallenen Lippen verziehen sich zu einem Lächeln.

Elena Gutzke streicht gewohnheitsmäßig über ihre Kleidung, so als ob sie Falten beseitigen möchte. Sie sieht adrett aus, und ihre Füße stecken in warmen Filzpantoffeln.

Nachdem sie ihre Kleidung überprüft und zurechtgerückt hat, streckt sie Elisa und Max ihre Hände entgegen, die die beiden ergreifen.

»Frau Gutzke«, beginnt Elisa. »Können Sie sich noch daran erinnern, was auf unserem Hof, ›Drei Eichen‹, Bauernschaft 45, los war, wenn im Herbst ein Turnier stattfand?«

»Natürlich, dann gab es mehr Arbeit, wie das so ist, wenn Besuch kommt«, lächelt sie.

»Können Sie sich auch an das Turnier 1952 erinnern? Es war

das Jahr, in dem bei der Ernte ein Strafgefangener erschossen wurde.«

Frau Gutzke schaut Elisa eindringlich an und schweigt. Ihre Augenlider flattern, es sieht aus, als ob sie lange überlegt und unsicher wird: »Sach mal, biste nich die kleine Elisa vom Hof? Ich hab dir doch abends, wenn die Mutter weg war, Grießsuppe mit Rübenkrautkreisen gekocht, und ich war doch deine Tante Gusti. Und als deine Mutter schwanger war, einige Monate später, da durfte ich, wenn sie zum Arzt musste, auf dich aufpassen ...« Sie überlegt. »An die Zeit kann ich mich gut erinnern.«

»Ach, Gusti!«, Elisa steht auf und umarmt die alte Frau.

»Also, Kind, dat war kein schöner Sommer. Erst dat Unglück im Feld und dann am letzten Abend haben die Tommys und die Arbeiter vom Hof einen gekippt und alles versaut. Der Aufseher Ratzke hat mit den Tommys Krach angefangen. Hat mein Egon, Gott hab ihn selig, erzählt, als er besoffen, nach Hause kam.«

»Wann war das?«

»Das waren noch Zeiten. Kann mich gut daran erinnern, an jenes Turnier. War immer was los. Wann Egon zuhause war an dem letzten Abend, weiß ich doch heute nicht mehr. Der war auch nicht bis zum Schluss da, war ihm zu blöd. Schlechte Stimmung. Ist danach noch in einer Kneipe gelandet. Ich hatte schon geschlafen, wurde wach und dann hatten wir Krach, weil ich morgens alles alleine machen musste, die Kühe melken, Schweine füttern … Ach so, mir fällt ein, Egon hat noch gesacht, dat der Aufseher den ganzen Abend stinkig war, wegen den Engländern. Der Ratzke war ein Dämelack.«

Elisa muss lachen.

»Gusti, du kennst dich doch hier bestens aus. Der Ratzke hat doch einen Sohn.«

»Ja, den Kevin. Armer Bursche. Der Vater tot und danach is

die Mutter in Oelde auf'n Strich gegangen. Da war der Kevin allein zu Haus. Is vom Weg abgekommen. War oft in der Jagdhütte, die dem Alten gehörte.«

»Jagdhütte? Wo soll die denn sein?«

»Kenns doch dat Teufelsmoor, oder?«

»Natürlich«, sagt Elisa. »Da soll es seit Jahrhunderten uralte Geheimgänge geben. Die führen, so die Legende, zu einer alten Schatzkarte mit geheimnisvollen Zeichen und Hinweisen auf die sagenumwobene Burgruine im Teufelsmoor, wo im schwarzen Schlick und blubberndem Wasser bei Vollmond rauchige Schwefelschwaden aufsteigen.«

»Siehse, daran erinnern sich alle Kinder. Und da ganz inne Nähe is die Hütte von Kevin sein Alten. Nach dem Krieg hausten da für einige Jahre Wohnungslose, und zuletzt der Ratzke und nannte die Bruchbude ›Jagdhütte‹.

»Gusti, weist du noch mehr über die Familie Ratzke. Hier im Dorf spricht sich doch alles schnell herum!«

»Ja, Elisa, dat war ein richtiger Weiberheld. Ich habe das am eigenen Körper erlebt. Egal ob im Stall, oder auf dem Feld, er machte oft anzügliche Bemerkungen. Einmal hat mein Egon ihm eins auf die Nase gegeben, nämlich als Ratzke beim Melken im Stall plötzlich hinter mir stand und mich anfasste.« Sie holt tief Luft: »Und da, wo deine Mutter auftauchte, hat er auch immer schön getan. ›Rumscharwenzelt. Aber mit deinem Vater war nicht gut Kirschen essen, vor dem hatte er großen Respekt.«

»Vielen Dank, das ist doch schon mal ein Anhaltspunkt. Wir werden jetzt wieder an die Arbeit gehen.«

Elisa umarmt die alte Frau: »Tschö, Gusti!«

»Tschüss, Elisa, komm mal wieder vorbei!«

»Mach ich gerne, versprochen.«

»Und deinen Teufel kannst auch widda mitbringen. Ihr habt doch wat zusammen, dat seh ich.«

Kevin Ratzke

In dieser dunklen Nacht ist nur noch ein schmaler Streifen der Mondscheibe am Himmel zu erkennen. Tief drinnen im Wald, ganz versteckt, liegt eine alte Burgruine. Geduckt, hinter altem Gestrüpp, zeichnen schwarze Silhouetten die scharfen Umrisse alter Mauern.

Düsternis, ein Käuzchen ruft.

Hier, im Teufelsmoor wacht nach alten Sagen Luzifer und stößt, nach der Sommerhitze des Tages, gurgelnde Schwefeldämpfe an die Oberfläche.

Ein tödlicher Streit vor Jahrhunderten, zwischen dem Schlossherrn und dem Geschlecht der Burgleute, führte zu einer Fehde, die damit endete, dass die Burg in Flammen aufging und der Schlossherr heil davon kam.

Bewaffnete Soldaten zündeten die Burg an und steckten den Ritter in ein dunkles Verlies.

Wuchtig graben sich nun die schweren Schritte Kevin Ratzkes in den Waldboden. Wer hier des Nachts herumläuft, ist entweder ein Irrer, der die Gefahren des schlüpfrigen Moores nicht kennt, oder jemand, der sich genau auskennt und der, so sagen die Menschen hinter vorgehaltener Hand, vielleicht sogar mit dem Teufel im Bunde steht und nach dem Schatz des Burgherrn sucht.

Eine Schatzkarte soll – so die Sage - der Ritter, vor seiner Festnahme, im Wald in geheimen Gängen des Waldbodens versteckt haben.

Zweige knacken unter den Füßen des Läufers. Das weiche, feuchte Moos am Wegesrand schmatzt bei jedem Schritt des jungen Mannes. Er umgeht kleine Bäche und Rinnsale und achtet nicht auf abgebrochene Baumkronen und Senken, in denen schon so mancher Schatzsucher stecken blieb.

Geschickt umgeht er gefahrvolle Stellen und lauscht dabei angespannt auf die Geräusche des Nachtwaldes. Er vernimmt wohl das Aufheulen eines Fuchses, der verschreckt durch die schweren Schritte in einer Erdhöhle verschwindet. Krächzen und Sirren von Kleinstlebewesen sind dem Läufer bekannt. Das Rauschen der Baumkronen ist für ihn wie eine beruhigende Melodie.

Ihn ängstigen die anderen Geräusche. *Ist da, in der Ferne, nicht das Aufheulen von Polizeisirenen zu hören? Nein, das darf nicht sein. Mich kriegen sie nicht!*

In der Welt da draußen findet Kevin Ratzke keinen Frieden mehr. Nur hier, im Wald fühlt er sich sicher.

Als er zweieinhalb Jahre alt war, starb sein Vater. Kevin hat keine Erinnerung mehr, nur ein verwischtes Bild, als er ihn, als Säugling, auf den Armen trägt. An der Wand des Wohnzimmers hängt immer noch ein gerahmtes Foto mit einem quer darüber angebrachten schwarzem Band, das er nicht mehr anschauen mag. Es zeigt einen jungen Mann in schmucker Aufseher-Uniform, dessen strenger Blick auf ihm ruht. Ihn an sein Geheimnis erinnert.

Er sah gut aus, der Vater. War nur ein wenig schmächtig, wurde sozusagen durch die Patten der besten Uniform aufgepolstert. Als der Vater tot war, hat Kevin, als Heranwachsender, oft dieses Bild betrachtet und ganz besonders die Dienstwaffe, die der Vater trug. Eine Mauser Karabiner K98. Er fand sie toll. Jetzt gehört sie ihm.

Sein Vater hat ihm, bevor er starb, einen Brief hinterlassen und ihm aufgetragen, diese Waffe gut zu hüten, ebenso eine alte Polizeiwaffe, seine Walther PPK, und ein schweres BMW-Motorrad mit Helm und pechschwarzem Outfit. Den Brief hat er gut versteckt.

Jetzt kommen ihm die Tränen. Hätte er doch seinen Vater kennengelernt.

Er heult, niemand kann ihn hören. Er brüllt seinen Schmerz, seine Einsamkeit in diese dunkle Nacht.

Selbst seine Clubgenossen halten sich jetzt von ihm fern, weil er so blöd war, sich bei der Schießerei mit der Polizei gezeigt zu haben. »Idiot, wie konntest du am helllichten Tag einen Anschlag auf die Bullen verüben, mit dem auffälligen Motorrad und dadurch den ganzen Club in Verruf bringen!«, schrie ihn der Boss an.

Er hatte gedacht, dass die ›Wilden Panther‹ seine Freunde seien, und sie den Anschlag auf die Bullen als Mutprobe, mutig finden, ihn aufnehmen in ihren Bund. Nur noch eine Hürde war zu nehmen. *Mist, alles war ätzend, Affenschrott!* Ratzke heult auf wie ein Kind. Wieder laufen Tränen aus seinen dunklen Augen über das schmale Gesicht in das schwarze Kapuzenshirt. Seit der Sache mit den Schüssen auf die Kriminalbeamten ist er auf der Flucht.

Er schüttelt sich, denkt an seine Mutter und versinkt tief in Gedanken.

Vier schöne Jahre verlebte er mit ihr. Er kam in den Kindergarten und war stolz, wenn seine Mama ihn abholte. Sie war noch so jung, gerade mal 21 Jahre alt, und die hübscheste Mama, mit der er mittags vom Kindergarten aus nach Hause ging, in das Haus, das sein Vater mit großer Sorgfalt gebaut hatte. Es war gemütlich, ein richtiges Heim.

Doch zwei Jahre später blieb die Mutter oft aus, holte ihn nicht mehr ab. Er kannte den Weg, ging alleine, aber zuhause war die Mama auch nicht.

Manchmal, wenn sie da war, herzte und küsste sie ihn und meinte, dass bald alles besser würde. Sie hätte jetzt einen Freund.

Am nächsten Tag lag sie noch mittags betrunken im Bett.

»Ich muss arbeiten«, heulte sie und die schwarze Wimperntusche und die Tränen verschmierten die Schminke. Da begann er, sie hässlich zu finden und sie zu hassen.

In der Grundschule redete man über seine Mutter. Er schämte sich. Sogar sein bester Schulfreund Karl durfte nicht mehr zu ihm kommen. »Meine Mutter hat gesagt, dass deine Mutter rumhurt. Was das ist, weiß ich nicht, aber es muss schlimm sein. Ich darf nicht mehr zu dir kommen.«

Da ist er heulend nach Hause gelaufen. Nach Hause? Nein, das war kein Zuhause mehr. Er ist einfach zur nächsten Tanke gerannt und hat Bier und Zigaretten geklaut. Da war er Elf. Ein paar Mal ging das gut, mit den Diebstählen, und dann wurde er erwischt.

Eine Trulla vom Jugendamt vermittelte ihn an Pflegeeltern. Da musste er spuren und machte bald die Fliege. Jugendamt, Pflegeeltern, Heim, Schlägereien, Stress pur.

Gerade jetzt fällt ihm noch einmal der Brief des Vaters ein.

»Warum gerade jetzt«, murmelt er. Er weiß es nicht. Doch, er weiß es. Der Brief, den der Vater ihm hinterlassen hat, ist ihm wichtig! Darin vertraute ihm der Verstorbene sein Geheimnis an.

»Das darfst du niemanden sagen, Kevin! Beschmutze mein Ansehen nicht, mein Sohn. Ich habe diese Tat nur begangen, um meine Ehre zu verteidigen. Ein Mann muss seine Ehre bewahren, und sei es mit Waffengewalt.«

Der Läufer bleibt stehen. Sein Ziel ist nicht mehr fern. Kein Mensch kennt es.

»Und wenn ihr mir zu nahe kommt, werdet ihr es nicht überleben«, brüllt er in die Nacht und verschreckt gerade mal eine Nachteule, die gurrend davonfliegt und sich ein ruhigeres Plätzchen sucht, um weise in die Nacht zu schauen.

An einer Lichtung angekommen, klettert er auf einen Hochsitz. Es ist vier Uhr morgens, die rechte Zeit, um auf der

Lauer zu liegen. Vor zwei Tagen hat er hier Rehe beobachtet. Von irgendetwas muss er schließlich leben, denn seine Wohnung ist versiegelt. Vor seinem Haus stehen die Bullen und quatschen oder funken. Er schlich sich seit zwei Tagen von hinten heran, kicherte und stemmte die Gewächshaustür auf, indem er zweimal kräftig mit der Schulter dagegen stieß. Sie sprang sofort auf. Das Schnappschloss hatten die Bullen nicht bemerkt. So konnte er aus dem stinkenden Bau die letzten Konservenreste ergattern. Die blöden Bullen saßen vor dem Haus im Einsatzwagen und merkten nichts.

Aber jetzt sind auch da fast die Vorräte aufgebracht. Darum wildert er. Es ist nicht das erste Mal.

Im ersten, noch diffusen Morgenlicht entdeckt er die Umrisse eines Rehs. Er legt die Mauser K98 an und schießt. Der Schuss wirkt wie ein Blitzschlag, hallt lange in den Baumkronen nach und zerbricht den Waldfrieden.

Aufgeschreckte Vögel verdunkeln in Scharen für Momente den Morgenhimmel. Das getroffene Reh zuckt im Todeskampf und sackt zusammen.

Kevin Ratzke taucht aus seiner Tarnung auf und schleppt das blutende Tier vor seine Hütte, um es zu zerlegen.

Blutige Spur

Es ist gerade 10 Uhr an diesem 20. September. Im Verwaltungstrakt des alt-ehrwürdigen Schlosses sitzt das Ermittlerteam und berät sich.

Es ist der fünfte Ermittlungstag.

Die Köpfe rauchen. Die uralten Wände des Raums vermitteln Burgcharakter. Spickzettel, Landkarten und Gesichter von Menschen, die in den Fall Colonel Vernon verwickelt sein könnten, verbreiten Arbeitsatmosphäre.

Elisa und Max geben die Eindrücke der gestrigen Zeugin, Elena Gutzke wieder, als Max das Vernehmungsprotokoll verliest.

Überraschung flammt auf, weil es neue Anhaltspunkte zum Aufenthaltsort des gesuchten Kevin Ratzke gibt, dem Sohn des Aufsehers und des Mordes verdächtigen 1997 verstorbenem Klaus Ratzke. Die Jagdhütte zu finden ist das nächste Ziel.

Elisa fasst zusammen: »Gehen wir doch einmal kurz zurück. Ratzke ist tot. Nach unserem bisherigen Ermittlungsstand gilt Klaus Ratzke als Verdächtiger. Nach bisherigem Ermittlungsstand könnte Klaus Ratzke, mit aller Vorsicht gesagt, sogar der Mörder des Grubenopfers sein. Motiv: Auf Grund der Zeugenaussagen verachtete Klaus Ratzke zum Beispiel den englischen Colonel. Auch besaß er als einziger Mann auf dem Hof eine Mauser K98. Diese alte Militärwaffe des 2. Weltkriegs wurde zu der Zeit an Gefängnisaufseher vergeben. Fest steht auf jeden Fall, dass das Opfer aus der Grube mit diesem Waffentyp erschossen wurde. Anhand der Aussage des Zeugen Alwin Stöcker war Aufseher Ratzke, neben Elisas Vater, der letzte, der sich in der Nacht noch auf dem Hof befand.«

»Kopfschuss, beide Schläfen durch«, mischt Flaßkamp sich ein.

»Ruhe, verdammt noch mal. Das wissen wir inzwischen!«, ruft Brinkhues.

Elisa ordnet ihren Bericht und liest weiter: »Der Zahnabgleich wird vom BKA an alle Kriminalämter des europäischen Auslands versandt. Die Forensik teilt uns bis morgen die endgültigen Untersuchungsergebnisse zum Skelett, im Hinblick auf die DNA, und den, in der Grube gefundenen Gegenständen mit.

Aus Hamburg fehlt uns noch die Mitteilung der DNA meiner Schwester Charlotte.«

»Danke für den Rückblick«, sagt Max.

Brinkhues fügt hinzu: »Wir müssen jetzt, in dieser Minute, planen, wie wir vorgehen, damit Kevin Ratzke uns nicht durch die Lappen geht. Jetzt ist der Fall Kevin Ratzke die Nummer Eins.« Brinkhues sucht verzweifelt in seinen Notizzetteln. »Wo ist, verdammt nochmal, sein Unterschlupf, diese idyllische Jagdhütte, Elisa? Ich hab es mir notiert.«

»Sie soll in der Nähe der alten Ruine im Wald, nahe dem Teufelsmoor, zu finden sein.«

»Wir sollten die Dunkelheit abwarten«, schlägt Max vor, »und die Zugangswege zum Wald durch Streifenbeamte in Zivil beobachten lassen.«

»Ja, Max hat Recht. Wenn Kevin Ratzke nur einen Polizisten riecht, ist er sofort weg«, fügt Elisa hinzu.

»Gut, Elisa, ich rede mit Polizeikommissar Pothmann in Ennigerloh«, sagt Kalthöner.

»Pothmann und sein Team kennen sich hier bestens aus. Dieser Kevin Ratzke kann sich nicht in Luft aufgelöst haben. Seit vier Tagen läuft eine bundesweite Fahndung und wird vom BKA an die europäischen Nachbarstaaten weitergeleitet.

Kevin Ratzke ist, wie es scheint, wie vom Erdboden verschwunden. Ich denke, dass er sich in unserer Nähe aufhält. Er fühlt sich bedroht, schießt auf uns, zerstört nachts Beweise, weil er etwas vor uns verbergen will. Andererseits durchsuchen wir seine Wohnung und machen seine Hoffnungen, bei den ›Wilden Panthern‹ aufgenommen zu werden, zunichte. Sein Verhalten muss mit seinem Vater zu tun haben. Kevin begeht Mordversuche, bringt sich selbst in Gefahr. Und wieder mutmaße ich, dass er den Ruf seines Vaters, der schließlich Justizvollzugsbeamter war, schützen und sich wegen der Ermittlungen an uns rächen will. Das zeigt, dass wir auf dem rechten Weg sind«, sagt Max, nachdenklich an seinem Kaiser-Wilhelm Bart zwirbelnd.

»Das sagt gar nichts aus. Früher wurden sie Kerkermeister genannt«, fügt Brinkhues hinzu.

»Ja, im Mittelalter…«, ruft Flaßkamp dazwischen und wird jäh unterbrochen.

In dem Moment öffnet sich stürmisch die Tür der Einsatzzentrale. Blätter wirbeln herein, und Brinkhues Notizzettel flattern durch den Raum.

Er flucht leise.

Ein kräftiger Mann in Jägeruniform, das Jagdgewehr geschultert, steht in gewichtiger Pose im Türrahmen.

»Guten Morgen, oder besser gesagt, guten Tag! Mein Name ist Richard Hunter und ich bin hier der Revierförster.«

»Bernd Brinkhues, Hauptkommissar Mordkommission Münster«, stellt sich der Chef, der gerade auf dem Boden seine Notizen aufsammelt, vor. Überrascht blickt er zu dem Mann hoch, dessen Stiefel sich gerade vor seiner Nase befinden.

»Sie sind mein Mann«, dröhnt Hunter.

»Im Wald sind Blutspuren gefunden worden, die, von einer Lichtung kommend, bis tief in den Wald führen und dann als Schleifspuren an einem kleinen Bach enden.«

»Blutspuren, Schleifspuren?«, ruft Brinkhues und springt auf.

Alle horchen auf und hören dem Jägermeister angespannt zu.

»Sie können einen Schweißhund darauf ansetzen. Die Blutspuren auf der Lichtung könnten von einem erlegten Tier sein. Ebenso gut kann es sich aber auch um Menschenblut handeln.«

»Blutspuren, auf einer Lichtung?«, ruft Elisa und ist wie elektrisiert.

»Die Spur an der Lichtung hat die Form einer Lache von circa 30 cm Durchmesser. Das Blut ist tief in den Boden eingesunken. Das würde, wenn es die Blutspur eines Menschen wäre, bedeuten, dass er verblutet ist.«

»Da ist ein Schweißhund hilfreich. Er kann tierisches Blut erkennen«, meint Brinkhues.

»Vergossenes oder versprengtes Tierblut, zum Beispiel das, eines erlegten Tieres, bezeichnen wir Jäger als Schweiß.«

»Das ist mir klar, sagte ich doch, Herr Hunter.«

Bernd Brinkhues überlegt. Der Jägermeister wartet ungeduldig.

»Zur Sache: Wir sind auf der Suche nach einem Flüchtigen, der einen Anschlag auf uns verübte und am helllichten Tag auf uns geschossen hat. Unseren Ermittlungen nach könnte er sich in einer Hütte, in der Nähe des Teufelsmoors, aufhalten. Der Verdächtige kann auch gewildert haben, denn seine Wohnung ist versiegelt, und irgendwie muss der Mann sich ja ernähren.«

»Aber keinesfalls durch Wilderei«, tönt Hunter energisch.

»Klar, natürlich nicht. Ich bin trotzdem froh, wenn sich herausstellen würde, dass es sich bei den Spuren im Wald um Tierblut handelt, und dass wir keinen Toten zu beklagen haben.«

»Verstehe«, sagt Hunter. »Ich kenne die Hütte in der Nähe des Teufelsmoores auch und ferner den ganzen Waldbereich hier um Schlossberg herum.« Er macht eine weit ausholende Armbewegung und fügt hinzu: »Lassen Sie uns einen Einsatzplan machen.«

»Auf jeden Fall, und zwar unter Mithilfe der Polizei Ennigerloh und eventuell mit Unterstützung von Beamten der Kreispolizeibehörde Warendorf«, meint Brinkhues und blickt in die Runde.

Er fährt fort und sieht dabei Hunter an. »Erstens, der gesuchte Mann ist gefährlich und bewaffnet. Zweitens möchte ich nicht, dass Spaziergänger auf verendende Tiere stoßen und von einem Waffennarren gefährdet werden.

Ich werde sofort bei der zuständigen Behörde einen Schweißhund anfordern.« Er greift zum Telefonhörer.

Hunter nickt. »Einverstanden.«

Elisa meldet sich: »Die Situation hat sich gerade geändert. Im Wald wurde frisches Blut gefunden. Ich bin dafür, dass wir sofort, abgesehen von dem Anfordern des Schweißhundes, unsere KTU mobilisieren, um die Blutspuren, Fußabdrücke et cetera vorher zu sichern, zu fotografieren, zu kommentieren und hier zu untersuchen, im Hinblick auch auf eine DNA–Analyse.«

Stille. Alle schauen zu Elisa.

»Sollte es sich um Menschenblut handeln, müssen wir natürlich sofort agieren. Den Menschen suchen. Danach kann der Schweißhund Spur aufnehmen. Wenn es sich bei der gefundenen Spur um Tierblut handelt, führt der Hund uns vielleicht bis zum Versteck des Gesuchten.« Sie macht eine Pause, schaut auf die Uhr.

»Das hat keinesfalls, wie wir vorher geplant haben, bis zum Abend Zeit! Es könnte regnen, und dann sind die Spuren verflossen und das Blut vergeblich vergossen«. Elisa lacht. »Entschuldigung, das war jetzt nur eine kleine Aufmunterung.«

»Danke Elisa, gute Idee«, sagt Brinkhues, lächelt, und nickt Hunter zu.

»In Ordnung. Ihre KTU kann sofort starten und eine Blutprobe aus der Lichtung nehmen. Wenn der Schweißhund da ist, planen wir zusammen zeitnah den Einsatz. Ich kenne den Wald wie meine Westentasche«, sagt Hunter.

Elisa sieht in die Richtung des Waldes, der sich hinter dem Schloss meilenweit ausdehnt. *In der Größe ist das Waldstück weit von Hunters Westentasche entfernt,* denkt Elisa und schaut auf Hunters Jacke, aus deren Westentasche eine Sonnenbrille hervorlugt. *Na, diese Westentasche hätten wir schnell durchsucht.* Sie lächelt in sich hinein. *Übertreibungen,* denkt sie. *Wie schnell rutschen sie uns heraus.*

Waidmannsheil

»Es ist kein Menschenblut«, sagt Nachtigäller am Telefon, kaum zwanzig Minuten, nachdem er sich mit zwei Kollegen der KTU aufgemacht hat, um die Blutspur in der Waldlichtung zu untersuchen.

»Wir haben auch Fingerabdrücke, Fußabdrücke, Tierhaare und ein benutztes Tempotuch auf dem Hochsitz gesichert.«

»Hoffentlich gehört es Kevin Ratzke, dann haben wir schon einmal Untersuchungs- und Vergleichsmaterial für die gesicherten Spuren aus seinem Haus und der Marihuana-Plantage.«

»Elisa, eine DNA-Probe von Kevin Ratzke haben wir doch schon in seinem Haus von seiner Zahnbürste entnommen.«

»Stimmt, aber wir haben jetzt Vergleichsmaterial, wie ich gerade sagte. Und wenn es nicht Kevin war, der das Wild erlegt hat, dann haben wir die DNA des Wilderers.

Es muss sich nicht unbedingt um Kevin handeln.«

»Stimmt, du hast mal wieder Recht und das letzte Wort.«

Inzwischen ist ein Einsatzwagen mit einem Hundeführer angelangt. Die Sonne hat sich hinter einer geballten Wolkenbank versteckt.

Tim Flaßkamp und Nachtigäller bleiben in der Einsatzzentrale. Nachtigäller soll Flaßkamp mit der Arbeit der Spusi vertraut machen.

Hunter ist mit im Team und zeigt den Weg. Ihm folgt der Polizeibeamte, der den Hund führt.

Sie sind alle bewaffnet und tragen schusssichere Westen.

Düster begegnet ihnen der Wald. *Er scheint uns nicht willkommen zu heißen,* denkt Elisa. *Heute ist seine Waldesruhe gestört.*

»Wie heißt ihr Hund«, fragt sie den Polizeibeamten, der Mühe hat, den Schweißhund an kurzer Leine zu halten.

Der zieht an der Leine und drängt sich immer wieder mit der Schnauze an Hunters Bein.

»Ruhig, Sirius«, sagt der Beamte, legt dem Hund ein spezielles Leuchtband um und ab jetzt zittert das Tier vor Erwartung. »Dieser Hannoversche Schweißhund ist schon ganz heiß auf die Spurensuche, merken Sie es? Wenn ich ihm das spezielle Halsband anlege, weiß er, das es losgeht.«

»Ja, er nimmt an Hunters Bein wahrscheinlich schon Fährte auf. Hunter war schon im Wald und hat die Blutspuren gesichtet.«

»Ach so. Wissen Sie, Schweißhunde sind nur auf Tiere spezialisiert. Menschenblut interessiert sie nicht, sie sind darauf nicht trainiert. Sirius zum Beispiel riecht nicht nur das Tierblut, sondern alles, was das Tier hinterlässt, berührt hat. Besonders scharf ist der Todesschweiß des Tieres, aber auch seine Pfotenspuren, Speichel und Haare. Wenn der Täter noch Spuren vom Reh an sich hat, führt uns der Hund sogar zum Täter.«

»Spannend, dann wollen wir Sirius zügig folgen.«

Der Altar im Wald

Das Team folgt den Anweisungen Hunters und gerät immer tiefer in den Wald. Sirius hat mehrere Spuren, die markiert werden, und immer weiter geht's, während der Hund seine jeweiligen Belohnungen an den verschiedenen Fundorten gierig verzehrt.

Revierförster und Waldkenner Hunter macht Halt an einer Hütte, die ihren Namen nicht verdient.

»›Bruchbude‹ wäre besser«, konstatiert Elisa.

Alle im Team halten den Atem an und starren auf den finsteren Verschlag und das verwilderte Gehölz. Ohne den Hund und den Hinweis Hunters wären sie daran vorbeigelaufen. Durch ein zerbrochenes Fenster dringt ein roter Lichtschein nach außen. Er spiegelt sich in den scharfen Spitzen der Scherben, die aus dem Fensterrahmen ragen. Die Tür hängt schief in den Angeln. Das Dach ist mit Moos bewachsen, und die Außenwände, bestehend aus verrotteten Brettern, werden von wilden Ranken gehalten.

Inzwischen ist es stockdunkel. Schweißhund Sirius reißt unruhig an seiner Leine.

»Sirius ist ganz heiß auf die Spur, er hat etwas entdeckt«, flüstert der auf Schweißhunde spezialisierte Polizeibeamte. Sechs Augenpaare starren auf die Hütte, die merkwürdiges, diffuses Licht ausstrahlt. Irgendetwas passt hier gar nicht zusammen!

In dieser Hütte würde doch der Heilige Gral seinen Glanz nicht verschwenden?, denkt Elisa, deren Fantasie mal wieder auf Hochtouren läuft.

Das Klacken von sechs Waffen, die entsichert werden, scheint in dieser Einöde viel zu laut.

Brinkhues stößt mit einem Fußtritt die Tür auf, die krachend aus den Angeln kippt. Vögel und Kleingetier kommentieren den Lärm mit Flügelschlagen und huschenden Geräuschen.

Dann herrscht wieder Totenstille.

Der morsche Türrahmen bietet jetzt, in dieser dunklen Kammer, ein Bild, das an eine uralte Theaterbühne erinnert. Ein abstruses Bühnenbild, das ihnen den Atem verschlägt.

Auf dem Regal an der hinteren Wand der Hütte sind in der Form eins Kreuzes sechs rot brennende Grablichter angebracht. Darüber hängt der blutige Kopf eines getöteten Rehs, dessen Augen vom starren Glanz des Todes überzogen sind.

In Elisa, der Malerin, entsteht sofort ein Bild des Verfalls. *Ein Maler hätte es nicht besser darstellen können. Das Blut, zunächst Rot wie der Krapplack, mutiert nun schon zur düsteren Farbe ›Caput mortum‹, einer Farbe mittelalterlicher Maler für Stillleben mit einem Totenkopf.*

Ein Altar des Grauens. Blutige Buchstaben und Ziffern auf einem Tisch, der unter den Altar geschoben wurde. Folgender Text wurde darauf geschmiert: »Ihr seit die Nächsten!«

»Nosferatu«, flüstert der Jäger mit rauer Stimme.

»Eher ein Analphabet«, sagt Elisa und weist auf den Rechtschreibfehler ›seid‹.

»Sauerei, Tierquälerei«, schimpft Kalthöner, der penibel nach der Durchsuchung der Hütte seine Hände und das edle Brillengestell desinfiziert, und sich frische Handschuhe überstreift.

»Na, da hat die Spusi ja einiges zu tun«, sagt Brinkhues trocken. »Ich rufe sofort an.«

Vor Begeisterung über die Wildspuren, das Blut des Rehs, leuchten Sirius Augen so hell, wie der Stern, nach dem er benannt ist.

»Weiter geht's«, sagt Brinkhues. »Die Blutspur ist kalt. Der Geflüchtete dürfte uns um Stunden voraus sein, denn Sirius scheint erneut Spur aufzunehmen.«

Kalthöner telefoniert währenddessen mit Nachtigäller und

beschreibt den Weg zur Hütte. Elisa versucht, den abartigen Tatort notdürftig zu sichern, das Polizeisiegel anzubringen, doch wenn die Tür fehlt, ist das vergebliche Liebesmühe.

Max greift in seine obligatorische olivfarbene Umhängetasche, in der er nicht nur Polizeisiegel, Absperrband und Pfefferminzdrops verwahrt. Auch sein Lieblingsbuch, das ihm seine Tochter Andrea einmal schenkte. Er sperrt mit Elisa die Hütte weiträumig ab.

Nach dreißig Minuten kämpfen sie sich durch das Unterholz. »Ach, wenn wir doch Vollmond hätten«, flüstert Elisa.

»Dann würde sich der Täter vielleicht umbringen.«

»Todessehnsüchte, das kommt in Vollmondnächten nicht selten vor«, ergänzt Kalthöner und lächelt sie an.

Trotz der Stirnlampen ist es inzwischen stockduster. Sirius gibt aber nicht auf, bis Verkehrslärm sie aufschreckt. Eine Landstraße ist erreicht. Tierspuren, die Ratzke an sich haben muss, und die vielleicht zu ihm geführt hätten, sind durchtrennt. Die befahrene Landstraße hat die Spur durchschnitten.

»Vielleicht hat Ratzke ein Auto angehalten«, meint Elisa.

»Möglich. Wir warten hier auf den Einsatzwagen. Währenddessen kann ich die Suchmeldung für dieses Gebiet erneuern und Hubschraubereinsatz und Nachtsichtgeräte anfordern.«

Es klappt. Eine Hundertschaft wird in dieser Nacht den Wald weiter durchsuchen. Kevin Ratze scheint – wieder einmal - wie vom Erdboden verschluckt zu sein.

»Vielleicht hat er seine Kleidung weggeworfen«, meint Elisa.

»Dann würde Sirius sie finden«, sagt Max.

»Aber nicht, wenn er sie verbrannt hat.«

»Immer musst du das letzte Wort haben.«

»Na, Romeo und Julia?«, stichelt Brinkhues.

»Solange es kein Drama gibt, ist es erfrischend«, kontert Elisa und zwinkerte Max zu.

Im Gasthof Beerenkötter trifft sich das Team zu einem verdienten Absacker.

»Fünf Jägermeister«, ruft Elisa.

Bezirksjäger Hunter überlegt. *Wollen die mich verulken?*

Doch alle sind müde und antworten nur vage auf Tim Flaßkamps neugierige und inzwischen nervige Fragen. Sie sind erschöpft.

»Warts ab, Junge«, sagt Brinkhues väterlich, »Morgen ist auch noch ein Tag.«

»Ich schlafe bald ein«, gähnt Elisa und schaut auf die Uhr. »Mein Bett ruft.«

»Meins auch«, sagt Max und folgt ihr.

Nachtgedanken

Nicht in Max Armen, sondern in Morpheus Traumwelt landet Elisa, als Max sich von ihr nach einem innigen Gutenachtkuss verabschiedet hat.

Die Eindrücke der Recherchen im Wald haben wieder Erinnerungen an ihre Kindheit auf dem Hof geweckt. Das tote Tier und das versprengte Blut geistern durch ihren Kopf und lassen sie unruhig schlafen.

In einer sehr lebendigen Szene erlebt sie noch einmal das Schlachten von Tieren auf dem Hof ihrer Kindheit. Diese Erinnerungen vermischen sich mit dem Geschehen des vergangenen Abends.

Ihre Gedanken gehen bis zu einem Winterabend in den frühen Fünfzigern zurück, als der Metzger des Nachbardorfes mit einem Motorrad auf den Hof fuhr.

Ein fettes Schwein sollte ›schwarz‹ geschlachtet, werden, ›bei Nacht und Nebel‹ sozusagen, denn die Verwandten im zerbombten Ruhrgebiet warteten auf ein Fresspaket. In Elisas Erinnerung taucht dieser Mann mit dem schwarzen Ledermantel immer wieder aus der Dunkelheit auf. Seine Kleidung unterstreicht seine düstere Gestalt. Sie wirkt unheimlich. Auch seine Erscheinung, der feiste Körper mit dem fetten Glatzkopf und die stechenden, hervorquellenden, unsteten Augen lassen sie gruseln.

Ein Schwein, rosig, fett und voller Todesangst lärmend und panisch quiekend, wird aus dem Stall gezerrt. Es hat einen Strick um den Hals, sträubt und stemmt sich vehement, weiter zu gehen. Es kann nur mit Gewalt ins Backhaus gezogen und geschoben werden. Es ahnt den baldigen Tod.

Die größeren Geschwister Johann und Anna schleichen sich aus dem Haus, gehen geduckt und voller Spannung auf das

Backhaus zu. Obwohl ihnen das Grauen den Rücken herunterläuft, wollen sie sehen, was geschieht. Das Leben mit den Tieren ist hier auf dem Hof ein Geben und Nehmen. Dabei steht der Mensch an erster Stelle. Er nimmt, was er braucht.

Elisa trappelt, neugierig wie sie ist, immer hinter den Geschwistern her. Ihr Bruder dreht sich um und zischt warnend: »Bleib im Haus, das ist nichts für kleine Blagen!«

Doch Elisa hört nicht, glotzt schaudernd mit den Geschwistern durch das mit Spinnweben verhangene Backhausfenster und drückt sich die Nase platt.

Ein wuchtiger Schlag trifft das Schwein am Kopf. Die Gummischürzen des Metzgers und des Vaters werden im Nu mit Blut bespritzt.

Elisa hält den Atem an. Das Tier sackt, einen furchtbaren, wehen Laut ausstoßend, zusammen. Im nächsten Moment zerreißt ein Revolverschuss die Stille der Nacht.

Die Kinder erstarren. Eine rote Fontäne quillt aus dem Kopf des Schweins.

Der Vater lässt seelenruhig das Blut in eine Wanne laufen. Nun klebt auch an seinen Händen Blut. Morgen würde mit diesen Händen aus dem geronnenen Körpersaft Blutwurst gemacht werden.

Unter dem Eindruck dieser Erinnerungen spürt sie, dass etwas sehr Schweres auf ihr lastet. Nämlich die Abende mit den Gräuelgeschichten über die Flucht aus dem Osten. Mutter und Geschwister kauerten sich unter der Petroleumlampe im warmen Stübchen zusammen, wenn der Vater nicht da war. Er wollte von diesen bedrückenden Erlebnissen nichts mehr hören.

Sie dreht den Kopf zur Seite und erkennt die toten Augen des Rehs aus der Hütte im Wald, aus denen Blut fließt.

Dienstbesprechung

Die Suche der letzten Nacht nach Kevin Ratzke blieb erfolglos. Obwohl das Bild des Gesuchten in der Tagespresse erscheint, gibt es keine ernst zu nehmenden Hinweise auf seinen Aufenthaltsort.

Trotzdem steht an diesem Morgen das Faxgerät der Einsatzzentrale nicht mehr still. Aus einem Häuschen eines Schrebergartens sind eingemachte Konserven und ein Huhn spurlos verschwunden. »Die Nester im Hühnerstall waren leer und das Federvieh ist immer noch aufgeregt«, klagte eine Frau Friedel Poppel aus Ennigerloh am Telefon.

»Gehst du mal bitte dahin, Heinrich? Nimm doch Tim mit.«

»Klar«, sagt Nachtigäller, steht auf und winkt Flaßkamp zu, der aufmerksam mit angespannter Miene der Dienstbesprechung lauscht.

Brinkhues fährt fort: »Das BKA bestätigt, dass die in der Grube gesicherten Geschossreste aus einem Karabiner, einer Mauser K98, stammen.«

Elisa wird ganz unruhig: »Sagtest du Mauser K98? So hieß auch die Dienstwaffe, mit der Ratzke unterwegs war. Diese Waffen wurden an die Aufseher der hiesigen Gefängnisse, zum Beispiel in den Fünfzigern in Westkirchen im Gefangenenlager vergeben. Der Tote im Kornfeld wurde auch mit einer K98 erschossen. Schade, dass das Lager nicht mehr existiert.«

»Guter Einwand, Elisa«, sagt Kalthöhner.

»Danke, aber du kannst fortfahren, Bernd. Ich habe dich unterbrochen.«

»Das war doch ein sachdienlicher Hinweis. Die Punzen des Goldrings sind einem englischen Goldschmied zuzuordnen. Der Stadtstempel weist auf Sheffield hin, was aber nicht bedeutet, dass der Ring dort gekauft wurde. Solche typisch englischen Trauringe aus 585 Karat Gold werden dort und auch in anderen englischen Städten mit unterschiedlichen Stadtmarken hergestellt.«

»Wie sieht der Stadtstempel denn aus?«, will Flaßkamp, der mit Nachtigäller schon in der Tür steht, wissen.

»Meistens ist es ein Stadttor abgebildet, natürlich für jede Stadt unterschiedlich im Aussehen«, sagte Elisa.

»Danke.« Nachtigäller zieht den Wissbegierigen eilig hinter sich her, bevor er noch mehr plappert. Er macht sich mit dem Anwärter auf den Weg, um Spuren in einem Hühnerstall zu sichern und eine Anzeige aufzunehmen wegen der Einmachgläser und dem Federvieh der Frau Poppel.

»Wahrscheinlich haut sich der Gesuchte jetzt gerade Spiegeleier in die Pfanne«, mosert Nachtigäller. »Hab schon interessantere Ermittlungen durchgeführt«, murrt er.

Brinkhues fährt mit den Untersuchungsberichten fort. »Da ist aber noch etwas. Außer den Gold- und Stadtstempeln wurden im Ring noch zwei Buchstaben entdeckt. Ein großes G und ein großes M. »M. und Geofferey«, sagt Elisa leise. »Dann handelt es sich, mit an Sicherheit grenzender Wahrscheinlichkeit, um einen englischen Ehering.« Brinkhues fährt fort: »Die unter dem Skelett gefundene Faser weist auf eine englische Uniform für Turnierreiter eines speziellen Reitervereins hin, ebenso der Knopf. Zeitbestimmung: 50er Jahre. Die DNA ist jetzt da, und wird natürlich auch ans BKA gesendet. Vielleicht ist sie dort schon durch ein anderes Ereignis vorhanden. Das weiß man vorher nie. Jeder Verdacht wird verfolgt und registriert. Die gleiche DNA könnte zum Beispiel auch an der Munition, mit der der Colonel erschossen wurde, festgestellt werden. Warten wir es ab Leute, wir hoffen noch auf einige Auswertungen.

Verhaltener Jubel im Team.

»Das Feuerzeug war Massenware aus der gleichen Zeit. Es wurde in Deutschland hergestellt. DNA-Spuren am Feuerzeug konnten nicht mehr gesichert werden. Es könnte dem Engländer, aber auch Klaus Ratzke gehört haben. Das Opfer war starker Raucher. Die Box des Colonels ist ausgewertet. Sie besteht aus Mahagoni und trägt folgende Initialen, gefertigt, aus Messing, G. V.«

»Die Anfangsbuchstaben des Colonels!«, jubelt Elisa.

Alle atmen auf.

»Noch etwas: In dem Behältnis befindet sich ein Messingschild mit dem Aufdruck: Jonathan Tyler, Kingsroad 13, Richmond. G.B.. Der Inhalt besteht aus einem Hufauskratzer, Striegel, einer Kardätsche für besondere Mähnenpflege, einer Schmuse- oder auch Kopfbürste, einer Wurzelbürste und einem Mähnen- und Schweifkamm. Ferner ist da ein Stift und vier Visitenkarten des Besitzers ... des Colonels Vernon und eine angebrochene Schachtel ›Players Please‹«.

Überraschtes Schweigen. Dann bricht Optimismus aus. »Ein Skelett mit Visitenkarte, krass«, fügte Flaßkamp leise hinzu.

»Eventuell könnten Spezialisten noch DNA Spuren des Colonels und Klaus Ratzkes feststellen, der bestimmt dieses Behältnis geöffnet hat. Das ist aber sehr ungewiss«, überlegt der Chef und wiegt sein Gedanken schweres Haupt.

»Ich spendiere Kaffee und unser Jüngster holt uns flott die frischesten Hefeteilchen, die es in Schlossbergs Bäckerei gibt«, sagt Kalthöner und erntet Applaus.

Eifrige Diskussionen im Team, Elisa macht einen Freudentanz und Tim macht sich auf den Weg ins Dorf.

»Vielleicht sind an der geöffneten Schachtel Players, mit großer Vorsicht gesagt, noch DNA Spuren des Colonels zu finden«, meint Max. »Oder die des Diebes, des Aufsehers Ratzke.«

»Fraglich nach so langer Zeit«, meint Brinkhues.

»Aber wir versuchen alles«, fügt Elisa hinzu.

»Was ist mit der Tonscherbe? Hat sich das Museum schon

gemeldet?«, fragt Kalthöner.

»Stimmt, das ist interessant. Die Scherbe gehört zu einer Backschüssel aus dem späten 18. Jahrhundert. Es handelt sich nicht, wie zunächst angenommen, um Majolika-Bemalung, sondern um eine blaue Salzglasur, typisch für blau-graue Westerwälder Keramik, die es schon seit Jahrhunderten gibt.«

Kalthöner putzt sich erneut ausgiebig seine Brille.

»Sind Nachkommen des Opfers ermittelt worden?«, fragt Max.

»Ja, ein Neffe, ein William Vernon. Wir könnten, wenn wir keine vergleichbaren Spuren finden, das BKA bitten, eine DNA des Neffen zu veranlassen. Da ist dann aber höchstens eine Übereinstimmung von 25% zu erwarten. Zunächst hoffen wir aber auf das Ergebnis der DNA von Elisas Schwester.«

»Und was ist bei der Untersuchung der Röntgenaufnahme und der Gebissabformung des Skeletts herausgekommen?«, fragt Elisa.

»Das Zahnschema stimmt mit einem alten, in einer Zahnarztpraxis in Richmond vorhandenem Bericht, und den dort noch vorhandenen Röntgenaufnahmen von Vernons Kiefer überein. Bei den Überprüfungen der Personalien in der Zahnarztpraxis wurde festgestellt, dass dort auch die verstorbene Frau des Colonel in Behandlung war. Sie hieß ... Mary« fügt Kalthöner hinzu.

Brinkhues blättert in den Unterlagen und fährt fort: »In der Familiensaga der Vernons heißt es, dass Geofferey Vernon glücklich verheiratet war. 1951 verstarb seine Frau mit seinem vierjährigen Sohn bei einem Verkehrsunfall. Seither soll der Witwer an Depressionen gelitten haben.«

»Wurde damals eine Vermisstenmeldung in die Wege geleitet?«, fragt Kalthöner.

»Weil Colonel Vernon zwei Wochen nach dem Turnier nicht

mehr in seine Wohnung zurückkehrte, er lebte seit dem Tod seiner Frau allein, forschte sein Bruder, der auch inzwischen verstorben ist, erfolglos nach ihm und ging dann von einem Selbstmord aus.

Es gab angeblich ein Gerücht, dass der Colonel sich auf der Rückfahrt nach Dover ins Meer gestürzt hätte. Es hat zu der Zeit wirklich einen Zwischenfall auf einer Fähre gegeben. Es kommt wohl nicht selten vor, dass Selbstmörder sich von Klippen oder Fähren ins Meer stürzen.«

»Seltsam«, sagt Elisa, »ich selber habe so einen Vorfall auch schon mal erlebt. Kurz vor dem Anlegen stoppte die Fähre. Es war furchtbar. Auf der Fähre ging das Gerücht um, dass jemand sich ins Wasser gestürzt hätte. Diese Person konnte nicht identifiziert werden. Die Schiffsschrauben ... Entschuldigung, das gehört jetzt nicht hier hin, aber auch da gab es keine Personalien, es handelte sich um einen blinden Passagier.«

»Danke, zurück zu unserem Mann«, fährt Brinkhues fort. »Woher kam das Gerücht von dem Unglück auf der Fähre? Wer hat es gestreut? Das war und ist auch für die Familie Vernon, übrigens eine sehr angesehene Familie dort, ein Rätsel. Eine Leiche wurde nie gefunden. Die Angehörigen nahmen an, dass die Depressionen Geofferey Vernon in den Tod getrieben haben. Stutzig machte sie eine Postkarte aus Schlossberg, geschrieben während des Turniers, mit dem Text: I'm feeling very good in this old Germany. Don't worry. Geoffery XXX.«

»Vielleicht hat der Colonel die Karte mit dem Stift geschrieben, der sich in der Box befand?«, sagt Tim Flaßkamp, der mit einer großen Gebäcktüte die Einsatzzentrale betritt.

Das Telefon klingelt, Brinkhues nimmt den Hörer, drückt die Akte Karl Kalthöner in die Hand und geht hinaus.

Karl Kalthöner berichtet weiter: »Die Familie des Neffen organisiert zurzeit mit einem Münsteraner Bestattungsinstitut die Rückführung der sterblichen Überreste in einem Sarg mit Zinkauskleidung.«

»Zinksarg?«, fragt Elisa.

»Ja, das ist Vorschrift bei einer Auslandsbestattung. Die andere Möglichkeit ist die Einäscherung und das Versenden der Urne.«

»Danke.«

»Wo war ich stehen geblieben? Also, die Familie bereitet die Beerdigung auf dem Old Burial Ground in Richmond vor. Dort gibt es einen Gedenkstein der Familie, auf dem schon die Namen seiner Frau, des Sohnes und seiner Eltern eingraviert sind. Der schlichte, goldene Ring mit den englischen Punzen, wird nach der Beendigung der Ermittlungen direkt an die Familie gesendet.«

Pause.

Die Kaffeemaschine blubbert. Das verbliebene Team geht mit Kaffeetassen vor die Tür, betritt den Schlosshof und atmet tief durch.

Brinkhues telefoniert noch.

»Wer wohl das Gerücht gestreut hat, dass der Colonel ertrunken ist?«, fragt Elisa.

»Du denkst da an den Aufseher Ratzke, oder? Der findet wohl in diesen Tagen keine Gnade bei uns«, sagt Kalthöner.

»Möglich, obwohl der Hinweis, dass er mit dem Gerücht vom Selbstmord auf der Fähre in Verbindung steht, ist etwas weit hergeholt. Er hat so schon genug auf dem Kerbholz. Das reicht für einen Freifahrschein to Hell.«

Die kurze Kaffeepause mit dem frischen Hefegebäck, ist vorbei und Brinkhues hat noch einiges auf seiner Liste.

»Die Geschosse, die am ersten Ermittlungstag auf unser

Team abgegeben wurden, stammen aus einer alten Walther PPK Polizeipistole, die heute nicht mehr gebräuchlich ist.«

»Könnte dem Vater des Flüchtenden, Klaus Ratzke, gehören«, meint Elisa.

»Und jetzt hört mal genau zu«, sagt Brinkhues. Er schaut in die Runde und hat das fast triumphierende Glitzern von Ermittlern in den Augen, das erscheint, wenn sie eine neue Spur entdeckt haben.

»Die Waffe, diese alte Walther PPK, die wir noch nicht haben, ist im BKA bekannt. Mit dieser Waffe ist nicht nur auf uns geschossen worden, sondern vorher schon einmal.«

»Wann?«, fragt Elisa.

»Im Jahr 1947, das bestätigen Spuren an einem Geschoss, das im August 1947 untersucht wurde. Mit dem Geschoss wurde hier in der Nähe eine junge Frau ermordet.«

Stille im Besprechungsraum.

Elisa hat die Akte zu sich hinübergezogen, während Brinkhues sich an der Kaffeemaschine einen Kaffee holt. Sie zieht zweifelnd die Stirn kraus.

»1947, sagst du?«

»Ja, das steht hier, Elisa.«

»Nicht, dass ich mich freue, aber wir sollten vorsichtig sein. Das BKA wurde erst 1951 ins Leben gerufen! Von 1945 bis zu dem Zeitpunkt, an dem die junge Frau erschossen wurde, ging es hier, polizeilich gesehen, chaotisch zu.«

»Wie meinst du das?«

»Die ehemaligen Polizisten wurden zu Recht als politisch nicht sauber angesehen. Die meisten früheren Beamten im Polizei- und Justizdienst waren in der NSDAP. Die Besatzungsmächte, hier waren es zunächst die Amerikaner, dann im östlichen Westfalen die Engländer, suchten sich die Beamten nahezu handverlesen aus! Das ist Fakt.

Darum gab es viel zu wenig Polizeibeamte, und die öffentliche Sicherheit und Ordnung kam total durcheinander. Die Polizisten waren nur mit Knüppeln bewaffnet, Waffen gab es auf der Dienststelle. Ungesühnte und unaufgeklärte Verbrechen häuften sich. Durch Schmuggel, Schwarzhandel und Flüchtlingsmassen ging es recht unübersichtlich zu.«

Brinkhues hört aufmerksam zu, nickt, und Max fragt: »Hast du Polizeigeschichte studiert?«.

»Nein, aber ich habe mal eine Examensarbeit über den Zustand der Polizei nach 1945 geschrieben. Eine Wende gab es 1947 nach der Gründung des Landes NRW. Die britische Militärregierung legte schon Ende 1946 den Grundstock zu einem Landeskriminalpolizeiamt in Düsseldorf. Das war der Vorläufer des heutigen Landeskriminalamtes. Dort wurde zunächst nicht ermittelt, aber wenigstens Informationen gesammelt und ausgewertet, was das Zeug hielt. Es wurde zum Beispiel auch eine Berufs- und Gewohnheitsverbrecherkartei angelegt.«

»Stimmt. Auf diesen Pool konnte dann, nach seiner Gründung, das BKA zurückgreifen«, bestätigt Brinkhues und berichtet über diesen traurigen Fall, der nach den kurzen Angaben des BKA Berichtes ungelöst ist. Opfer war die 16-jährige Lina Stolze aus Münster.

Brinkhues ruft bei der Staatsanwaltschaft an. Der Mörder konnte nie ermittelt werden, aber natürlich müssen die neuen Erkenntnisse aktenkundig gemacht werden. Elisa kann sich vorstellen, was damals geschah. Während Brinkhues Telefongespräche führt, erinnert Elisa sich an Erzählungen von Freundinnen der Mutter, die sich in den Nachkriegsjahren anlässlich ihrer Namenstage, zum Kaffeeklatsch trafen. Nicht nur einmal erwähnten sie, hinter vorgehaltener Hand, wenn Kinder in der Nähe waren, den Mord im Wald am Schloss. Sie taten sehr geheimnisvoll und schauderten, während sie die neuesten Dr. Oetker Kuchenkreationen verspeisten. Auf

Fragen der Kinder antworteten sie kurz: »Geht nicht in den Wald. Da ist ein böser Mann.«

Elisa war viel zu klein, noch keine zwei Jahre alt. Aber das Gerücht hielt sich jahrelang. Sie, Elisa, weiß das alles nur aus vagen Nacherzählungen. Doch die Tatsache, dass in dem kleinen, katholischen Dorf solch ein schändlicher Mord geschehen konnte, blieb allen Dorfbewohnern lange im Gedächtnis haften.

Elisa erinnert nicht direkt an das Jahr, in dem das Verbrechen geschah, aber an eine andere Begegnung, vor 28 Jahren, die haargenau auf diesen Fall weist.

Sie hebt ihre Hand und ergreift das Wort, nachdem Brinkhues ihr zunickt.

»Liebe Kollegen, zu dem abscheulichen Verbrechen kann ich etwas beitragen. Vor 18 Jahren sprach mich eine Freundin an, mit der ich mit den Kindern, die im gleichen Alter waren, häufig in Bergisch Gladbach im Bergischen spazieren ging. Wir trafen uns an einem Waldfriedhof und machten Spaziergänge zu nahe gelegenen Spielplätzen. Eines Tages fragte sie: ›Elisa, du kommst doch aus Westfalen?‹

Ja, warum fragst du, Viola?«

»Kennst du Schlossberg?«

»Ja natürlich! Da habe ich mit meinen Eltern und Geschwistern viele Jahre gelebt.«

»Meine Mutter und einige Verwandte, gebürtig aus Münster, haben Schlossberg in schlechter Erinnerung.«

»Warum?«

Viola fuhr fort: »Meine Großtante aus Münster, sie ist bereits tot, hat mir vor Jahren, unter Tränen, anvertraut, dass in Schlossberg, im Jahr 1947, ein Verbrechen verübt wurde.«

Ich fragte nach und erfuhr, dass die Tochter ihrer Großtante in den Jahren nach dem Krieg ab und zu aufs Land zum Hamstern radelte. »Eines Tages kam das junge Mädchen nicht mehr nach Hause. Sie wurde im Schlossberger Wald

Opfer eines Mörders und Vergewaltigers.«

Elisa schweigt einen Moment. Alle im Team starren sie an.

»Kannst du die Begebenheit, so wie sie dir von deiner Freundin erzählt wurde, zusammenfassen, und uns teilhaben lassen?«, fragt Brinkhues.

»Natürlich«, sagt Elisa. Anhand der neu hinzu gewonnenen Fakten des BKA's spielt sich vor Elisas Augen die Geschichte ab. Der Ablauf der letzten Stunden der jungen Lina Stolze.

Die ungesühnte Tat

23. August 1947

Ein heißer Augusttag bricht an. Unbarmherzig brennt die Sonne auf die zerstörten Straßen der Stadt Münster, spiegelt sich in kaputten Fensterscheiben wider und lässt Asphalt schmelzen.

In einem Haus aus der Gründerzeit, in der Nähe des Hauptbahnhofs, sind alle Fenster verdunkelt. Nicht wegen der Bomben, der Krieg ist vorbei, sondern um die Hitze nicht hineinzulassen.

Das Gebäude ist noch bewohnbar. Nur ein kleines Erkertürmchen wurde von der Wucht einer Bombe, die den Bahnhof treffen sollte, weggefegt. Seitdem zieht es im Haus, aber das stört die Bewohner, die Familie Stolze, bei dieser Hitze nicht. Nur wenn es regnet, reichen die Blecheimer nicht aus, um das Wasser aufzufangen.

»Herr Stolze ist wahrscheinlich im Krieg gefallen, bei Kaliningrad«, berichteten heimkehrende Kameraden. Den Beweis, die Todesbenachrichtigung, hat Frau Stolze nie bekommen.

»Vielleicht ist er auch in Gefangenschaft geraten.«

Im Alltagsleben kippt in diesem Jahr in Münster noch einiges aus der Bahn. Tod, Krankheit, körperliche und seelische Not. Es ist gerade mal zwei Jahre her, seitdem Adolf Hitler sich das Leben nahm. Die meisten Menschen nehmen das Schicksal tatkräftig in die Hände.

Anna Stolzes Tochter, Lina Stolze, möchte studieren, doch da haben junge Männer, die im Krieg waren, mehr Chancen. Außerdem fehlt es an Lehrern. Sie sucht sich Nebenjobs, doch das ist im Moment schwierig, ohne auf die schiefe Bahn zu geraten.

Mutter und Tochter leiden keine direkte Not, aber es fehlt an allem, Nahrung, Kleidung und im Winter an Wärme, so dass sie schon einige Möbel der Großmutter verheizen mussten.

In den Geschäften gibt es wenig, das sie eintauschen können, und den Schwarzmarkt meiden die beiden Frauen.

Anna Stolze ribbelt alte Pullover auf, strickt und stopft gegen Essbares, oder sie ändert alte Kleidungsstücke der Nachbarn und näht sogar aus alten Gardinen Brauchbares. Aber es reicht einfach nicht.

»Lina, kannst du heute auf Hamsterfahrt gehen? Wir kommen sonst nicht mehr über die Woche.« Sie schluckt und bindet sich ein Kopftuch um die krausen, ungepflegt wirkenden Haare zu verdecken, mit diesem typischen Trümmerfrauen-Kopfschmuck. Danach geht sie zum Besteckschrank und überlegt.

»Lina, wir haben noch sechs Gabeln von unserem guten Silberbesteck. Du könntest doch noch einmal zu dem Bauernhof nach Schlossberg fahren, zu den Diekmanns. Du hast ihnen schon einmal, Anfang des Jahres, sechs Silberlöffel gebracht und dafür ein gutes Stück Schinken und Mettwürste bekommen.«

»Das mache ich gerne. Ich fahre los und schlage einen Haken über Telgte, um in der Wallfahrtskirche für Papa ein Gebet zu sprechen.«

»Ach, wenn ich dich nicht hätte«, murmelt die Mutter und legt noch eine silberne Zuckerdose mit in den Rucksack der Tochter.

Lina bindet ihre langen, braunen Haare zu einem Pferdeschwanz und zieht ein altes Sommerkleid an, das ihr eigentlich schon zu eng ist.

»Nimm noch eine Jacke mit, es wird abends kühl.«

»Mach ich, aber abends bin ich doch zurück, Mama«, ruft sie und rennt die Treppe hinunter, schon fällt die Haustür ins Schloss.

»Wie ein Wirbelwind«, denkt die Mutter und lächelt. »Was würde ich ohne Lina machen?«

Sobald Lina aus der Stadt hinaus ist, lehnt sie sich über den Lenker des stabilen Bismarck-Fahrrads und saust los. Sie schlägt einen Haken über Telgte, betet in der Kapelle und nimmt noch ein Heiligenbild der Muttergottes für ihre Mama mit.

In Schlossberg angekommen, macht sie am Wegesrand Pause. An einer Pumpe hat sie sich die Wasserflasche aufgefüllt und von einer Wiese Fallobst aufgelesen, das sie nun genüsslich verspeist.

Ein Mann in Uniform nähert sich.

Uniform? Er sieht wie ein Polizist aus, oder ein Hilfspolizist? Da kommt man heutzutage nicht mehr durch, wer alles Uniform trägt, denkt sie. *Vorsicht ist geboten.*

»Können Sie mir bitte sagen, ob ich über diesen Waldweg hier zu den Diekmanns komme?«

»Ja, immer geradeaus«, sagt der Mann und grinst.

»Was wollen Sie denn da?«

»Ich kenne die Familie, will sie besuchen.«

»Aha«, sagt der Mann, guckt sie von oben bis unten abschätzig an. »Dann viel Glück, junge Frau.«

Komischer Heini, denkt sie. *Sein Blick war nicht geradeaus und ehrlich. Dem möchte ich lieber nicht mehr begegnen.*

Sie tritt wieder in die Pedalen und kommt am frühen Nachmittag bei den Diekmanns an.

»Aha, die Lina, was bringst du uns dieses Mal?«, fragt die Bäuerin freundlich.

»Sechs silberne Gabeln und eine silberne Zuckerdose, passend zu dem Muster der Löffel von neulich. Sie wollten das Besteck doch für die Aussteuer Ihrer Tochter haben.«

»Ist recht, Kind. Setz dich erst einmal und stärke dich.«

Die Bäuerin holt frischen Stuten und stellt noch Butter und Marmelade auf den Tisch. Ein Glas Buttermilch kommt hinzu und wird sofort gierig getrunken.

»Danke, was kann ich für die Mama mitnehmen?«

»Ich habe eine gute Zervelatwurst vom letzten Schlachten. Ein halbes Brot, Pumpernickel und den Rest der Tasche füllen wir mit Kartoffeln, in Ordnung?«

»Das ist prima«, freut sich Lina. »Herzlichen Dank. Ich muss mich jetzt auch schon wieder auf den Weg machen.«

Die beiden Frauen umarmen sich. Die Sonne verschwindet schon im Wald hinter den belaubten Zweigen.

Plötzlich muss sie bremsen. Quer über den Weg liegt ein dicker Ast, der vorher nicht da war. Lina fühlt sich mulmig, schaut sich um und steigt vom Rad. Ihr Herz pocht.

»Na, wen haben wir denn da?«, sagt eine bekannte Stimme hinter ihr.

»Ach, Sie sind es«, konstatiert Lina und gibt sich forsch. »Ich möchte weiterfahren.«

»Was kriege ich dafür?«, sagt der Mann.

Sie schaut auf ihn, die Uniform, den Karabiner und die Pistole, die in seinem Gurt steckt. *Ist er ein Jäger? Polizisten dürfen zurzeit doch gar keine Waffen tragen?*

»Wer sind Sie eigentlich? Lassen Sie mich durch!«

»Ich bin Aufseher der Strafanstalt.«

»Aber hier gibt es doch gar keine Gefangenen!«

»Ich muss für Ordnung sorgen wie jeder gute Deutsche und du hast gehamstert.«

»Nein, ich habe nur getauscht.«

»Das kann jeder behaupten. Ich lasse dich durch, wenn du mich ranlässt«, kommt es ordinär aus seinem Mund, der ganz nah ist und schlecht riecht.

Sie bekommt einen Stoß vor die Brust. Das Rad kippt um und Lina fällt auf den Boden.

Schon ist er über ihr, reißt an den Knöpfen ihres Kleides.

Sie weint, schreit, und dann tritt sie ihn mit voller Wucht.

Schmerzverzerrt greift der Mann nach seiner Pistole, schaut in die vor Angst weit aufgerissenen Augen und schießt, trifft die Brust der jungen Frau. Blut tränkt das Kleid in tiefes, warmes Rot. Linas Sinne schwinden und dann verfliegt der Schmerz. Sie sieht einen langen, hell erleuchteten Tunnel und am Ende steht ihre Mama und winkt. Sie läuft auf sie zu und fällt in ihre schützenden Arme.

»Mama«, ist das letzte Wort, das Lina in ihrem jungen Leben sagt, ehe sie für immer schweigt.

Erst Tage später findet man ihre Leiche, die Kugel in der Brust wurde sichergestellt, aber von wem? Die Akte verlor sich im Wirrwarr der Nachkriegsjahre und die Kugel, die ihr Leben auslöschte, landete auf Umwegen, Jahre später im BKA.

Die Familie, die Großeltern und Linas Mutter schweigen verschämt. Sie haken nicht nach. So etwas wie ein Verbrechen hatte es in ihrer Familie nie gegeben. Nie hatten sie mit der Polizei zu tun. Die Scham und das Schweigen begraben ihre Lebensfreude für immer.

Vater Ratzkes verborgenes Vermächtnis

Samstag Abend, der sechste Ermittlungstag neigt sich seinem Ende zu. Das Team hat den ganzen Nachmittag mit rauchenden Köpfen an den Fällen gearbeitet, beraten, und die Vorgänge, die alle durch einen roten Faden miteinander verbunden zu sein scheinen, sind, so gut es geht, analysiert.

Es hat sich herausgestellt, dass die Spuren in dem Schrebergartenhaus, tatsächlich von Kevin Ratzke hinterlassen wurden.

»Der Kerl hat Hunger!«, ruft Elisa und nach einer Pause fragt sie: »Du, Max?«

»Was ist, was hast du auf dem Herzen?«

»Ja, auf dem Herzen, nun, da gibt es einiges aber ...«

»Aber du hast eine Idee, und die hängt mit dem Fall oder mit den Fällen der Familie Ratzke zusammen. Stimmt's?«

»Ja, du hast es erfasst. Ich habe gerade mit dem Kollegen Pothmann in der Polizeiwache in Ennigerloh telefoniert. Das Haus Kevins wird gelegentlich kontrolliert. Doch die Beamten sind natürlich nicht Tag und Nacht da. Ich habe den Verdacht, dass Kevin Ratzke dort ab und zu Unterschlupf sucht. Mein Bauchgefühl. Da muss es noch einen anderen Hauseingang geben. Der vordere ist, so Pothmann, immer noch versiegelt und unbeschädigt.«

»Ja, dein sprichwörtlich bekanntes Bauchgefühl. Du meinst, wir sollten noch mal vorbeifahren und auf den Busch klopfen.«

»Wir müssen jetzt, in dieser Minute, planen, wie wir vorgehen, damit Kevin Ratzke uns nicht durch die Lappen geht.«

»Wenn es sonst nichts ist«, sagt Max, und es klingt sogar ein wenig enttäuscht.

Brinkhues hebt den Kopf: »Noch eine Dienstfahrt nach Ennigerloh? Wenn ihr den Hals noch nicht voll habt, ich mache gleich Wochenende und arbeite von zuhause noch Akten auf.

Bleibt bitte immer in Funkverbindung! Das ist eine dienstliche Anordnung! Ratzke ist gerissen und überaus gefährlich!«

»Das wissen wir«, sagen Elisa und Max im Duett, wie eingeübt.

Draußen angelangt sagt Elisa: »Du Max, wir nehmen keinen Streifenwagen. Das ist viel zu auffällig. Wie wäre es mit deinem alten racinggrünen Rover 75 2.0 V6, falls der nicht wieder einmal bockt.«

»Elisa, beleidigst du mein Auto, dann kränkst du auch mich. Wir sind schließlich alte Kameraden, mein Rover und ich.«

»Schon gut«, besänftigt sie ihn. »Wir haben zwei große Lieben, Max.«

»Deinen alten Rover und Schalke 04«, lacht sie. Beide verlassen die Einsatzzentrale, den Kollegen »schönes Wochenende« zurufend. »Wir bleiben in Verbindung!«

»Eine Liebe hast du vergessen, Elisa.«

»Nein. Ich habe sie im Herzen.«

Das Haus des Bikers in der Unteren Straße 7 in Ennigerloh sieht in der Abenddämmerung noch verlassener aus als bei ihrem ersten Besuch.

Sie schleichen um das Haus und inspizieren das Gewächshaus. Traurig hängen die Hanfpflanzen herunter.

»Hier«, sagt Elisa und zeigt auf Fingerabdrücke im staubigen Glas des Gewächshauses. »Das ist kein Fenster, wetten?« Max lehnt sich mit Kraft gegen die Scheiben und das Türelement springt auf. »So ein gerissener Hund«, sagt Max und prallt zurück, benommen von dem Gestank der vergehenden Pflanzen.

Sie gelangen ins Haus und steuern auf den Wohnraum zu, der seinen Namen nicht mehr verdient. Überall Chaos und Verderben.

»Schau mal an die Wand, Max.«

Dort hängt immer noch das total verstaubte und gerahmte

Porträt Klaus Ratzkes mit strengem Blick und Paradeuniform.

»Ich dachte, die Spusi hätte es mitgenommen«, antwortet Max.

»Müsste auf jeden Fall untersucht werden.«

»Wir nehmen es mit zur Spusi, aber zunächst schau ich mal dahinter.« Max nimmt einen Asservatenbeutel aus seiner obligatorischen Umhängetasche, greift nach dem Bild, als Elisa ihn zurückhält.

»Vorsicht, da lugt ein vergilbtes Blatt hervor. Ich dachte, die Spusi hätte hier alles untersucht.«

Mit Handschuhen entfernt Max den Trauerflor und öffnet den Rahmen.

Er findet einen vergilbten Umschlag, der nicht mehr fest verklebt ist. »An meinen Sohn Kevin« ist darauf zu lesen. Elisa nimmt den Briefbogen aus dem Umschlag und liest.

Ennigerloh, 8. April 1981

Mein lieber Sohn Kevin,

ich hätte dich gerne aufwachsen sehen, wollte dich zu einem echten Mann erziehen. Aber ich habe tödlichen Krebs in der Lunge. Ich fühle, dass es bald vorbei ist, ich in die ewigen Jagdgründe gehe, denn an den Himmel glaube ich nicht. Darum möchte ich mich erleichtern, Dir sagen, was ich getan und warum ich so gehandelt habe.

Ich habe in der Remise, im Jahr 1952, einen Engländer erschossen. Warum? Er hat meine Ehre angegriffen. Was hat so ein arroganter Engländer mich von oben herab zu behandeln. Womanizer, Weiberheld hat er mich genannt. Er war selbst hinter der Frau des Hauses her. Ich wusste das und bot ihm an, wenn er mir seine Satteltasche und das Reitzubehör gäbe, würde ich ihn nicht verraten. Da hat er gelacht, mich Waffennarr genannt und mir Nazimethoden im Umgang mit den Gefangenen vorgeworfen.

Mich selbst hat ein Engländer im 2. Weltkrieg schwer verletzt, mir ins Bein geschossen, als ich tapfer für mein Vaterland gekämpft habe. Von so einem Ausländer lasse ich mich nicht beleidigen! Das habe ich als Deutscher nicht nötig.

Die andere Tat passierte im September 1947. Eine junge Frau, die vom Hamstern kam, hat mich beleidigt, dabei wollte ich ihr nur helfen. Sie wollte mich wegjagen, weil ich sie angeblich belästigt habe. Das stimmt nicht. Sie hat mich angemacht und dann wollte sie Wurst und Brot nicht mit mir teilen, sondern mich bei der Polizei anschwärzen. Da habe ich geschossen, mit meiner alten Walther PPK. Das darfst du niemanden sagen, Kevin! Beschmutze mein Ansehen nicht, mein Sohn. Ich habe diese Taten nur begangen, um meine Ehre zu verteidigen. Ehre und Treue, das habe ich als Soldat gelernt, sind für den deutschen Mann ein Gebot. Ein Mann muss sein Ansehen bewahren, und sei es mit Waffengewalt.

Ich hinterlasse dir mein Motorrad, die BMW R25, den schwarzen Helm und zwei Waffen: Die Walther PPK, und den Karabiner K98 der Firma Mauser.

Dein Vater

Max und Elisa sind betroffen.

Dieses Gefasel Ratzkes von Ehre und Treue, riecht doch sehr nach den Dreißigern und Vierzigern. Das bekamen die Soldaten eingebläut.

»Und dann nach dem Krieg alte Kriegswaffen zu benutzen, um unschuldige Menschen zu töten, das erschüttert mich. Und wo ist die Knarre?«, fragt Elisa.

»Welche meinst du?«

»Beide, eine alte Wehrmachtswaffe, und die alte Walter PPK?«

»Bin ich ein Hellseher?«

Beide sehen sich an und lachen dann.

»Kein Wunder, dass Kevin Ratzke abgerutscht ist, bei dem Vater. Das geht mir schon nah.«

»Mir auch«, fügt Max hinzu.

»Irgendwie tut mir der Junge leid.«

»Ja, und ehe wir Tränen des Mitleids vergießen, weiß ich, dass mir jetzt eine Altbierbowle guttun wird«, sagt Elisa, als sie den Brief gesichert und Brinkhues in Kenntnis gesetzt hat.

»Stimmt! Auf ins nächste Gasthaus und bitte einen Speckpfannkuchen mit Altbier für mich.«

Das alte Backhaus

Die Kirchenglocken wecken Max und Elisa am nächsten Morgen, einem Sonntag. Es ist der 7. Tag der Ermittlungen.

Die Glocken, wie schön, denkt Elisa. Sie hat dieses Läuten am Sonntagmorgen immer gemocht. Es lullt sie ein und im Nu fallen ihre Augenlider wieder zu.

»Auf, du alte Schlafnase«, sagt Max, der inzwischen aus dem Frühstücksraum ein Kännchen Kaffee geholt hat.

Während Elisa den Kaffee schlürft, überlegt Max, was am heutigen Tag zu tun ist. Wie er Elisa kennt, wird sie, obwohl es Sonntag ist, nicht so einfach freimachen.

»Max, ich ärgere mich, dass der Biker uns immer wieder einen Schritt voraus ist.«

»Heute wird nicht ermittelt, Elisa! Du hast schon so schwarz umränderte Augen wie ein Pandabär. Überleg mal, Brinkhues ist in Münster mit einem Berg Akten, und wir haben gestern bis zum Abend am PC gesessen und den ganzen Schreibkram erledigt und haben danach noch – erfolgreich - Ratzkes stinkendes Zuhause durchsucht.«

»Da muss das Ordnungsamt mal Bakterien zählen.«
»Stimmt, das Ordnungsamt soll mal vorbeischauen. Seuchengefahr. Ich sage bei nächster Gelegenheit Pothmann Bescheid.«

»Max, Fernsehzuschauer, die am Wochenende Krimis gucken, ahnen ja gar nicht, dass alle Ermittlungen auch schriftlich festgehalten werden müssen.«

»Wir können nicht nur mit einem Notizzettel in der Hand, bei der Gerichtsverhandlung vor dem hohen Gericht stehen.«

»Stimmt, die Fernsehkommissare sind alle Superhirne, aber wir haben ja unseren Anwärter.«

»Ja, der versucht auch schon, sich vor der Schreibarbeit zu drücken. Wir müssen ihn noch erziehen«, lacht Elisa.

»Wenn wir schon bei der Arbeit sind, Max … du magst ja Recht haben mit der Sonntagsarbeit, aber es könnte sein, dass Ratzke uns rein zufällig über den Weg läuft.«

»Kommissar Zufall also. Du willst doch auf irgendetwas hinaus.« Er geht auf sie zu und küsst sie.

»Guter Anfang der Spurensuche«, sagt sie. »Ich hatte vor, heute mit dir nach dem Frühstück auf den Hof zu gehen, so ganz entspannt.«

»Entspannt, mit dir, Elisa?«

»Ja, mit wem sonst? Wir haben doch nur die Remise, die Grube und die Scheunen gesehen. Ich möchte dir aber alles dort zeigen und erklären.«

»Also lockst du mich wieder zum alten Tatort! Fein, das konnte ich mir denken.«

»Ich wusste doch, wie klug du bist.«

»Na gut, wenn du meinst.« Max überlegt und zeigt auf den Nachttisch neben Elisas Bett. »Was ist das für eine Ansichtskarte da neben der Kaffeetasse?«

»Ach so«, meint Elisa, »das Kärtchen? Ja, das hat Constantin mir aus Rio de Janeiro geschrieben, habe ich es dir nicht gesagt? Es soll da sehr schön sein, meint er …«

Max schluckt, es trifft ihn wie ein Nadelstich. Er fasst sich wieder. »Na gut, dann fahren wir beide nach Rio de Janeiro!«

Jetzt lacht Elisa, die Anspannung ist wie weggeblasen.

»Wir treffen uns gleich unten beim Frühstück«, sagt sie.

»Ich muss mich noch richten, damit du nicht mit einem Pandabären umherspazierst.«

»In Ordnung«, die Tür schließt sich hinter Max.

Nach dem Frühstück gehen beide den Feldweg entlang. Sie stoppt, dreht sich um und zeigt auf das abgemähte Kornfeld: »So viele Erinnerungen kommen hoch.«

»Willst du mir eine erzählen?«, fragt Max.

»Ja, am Tag, nachdem der Gefangene vom Aufseher Ratzke erschossen wurde, kam ich hier mit meinem Freund auf dem Feldweg am Kornfeld vorbei. Heimlich schlüpften wir unter dem Absperrband hindurch«, beginnt sie zu erzählen. »Ich habe es vor Augen, als ob es gestern gewesen wäre.«

Eine Erinnerung aus dem August 1952, die sie mit Max teilt:

Brennende Augustsonne. Das aufgeregte Geplapper der Kinder verstummt, als sie das Kornfeld sehen. Zögernd, mit bangem Blick gehen sie auf das unheimliche Feld zu.

Sie erreichen das abgemähte Stück des Ackers, der nach dem Todesfall abgesperrt wurde.

Langsam kommen sie zu der dichten Kornmauer. Sie klafft an einer Stelle etwa einen halben Meter breit auseinander.

Elisa und Freund Theoken sehen sich an, atmen tief durch, heben dabei die Schultern ratlos hoch, um sie beim Ausatmen fallen zu lassen, bezwingen ihre Angst. Bis dass sich automatisch ihre Hände finden.

Sie schieben sich vorsichtig und ängstlich, mit den Augen den Boden absuchend, in die Spur, die der Gefangene und die derben Schuhe der Polizeibeamten hinterlassen haben. Bedrückt verfolgen sie den Weg, der einen Menschen in den Tod führte.

»Hier ist er losgerannt«, raunt der Freund. Seine Zunge fühlt sich trocken und pelzig an. »Und hier hat er sich geduckt, damit man ihn nicht entdeckte, nachdem der Warnschuss über ihn hinweg gepfiffen ist!

Elisa, sieh mal, das ist doch bestimmt Blut!«

Die Kinder starren mit klopfenden Herzen auf die rotbraune Spur, die durch den trockenen Ackerboden schon von Rissen durchzogen ist. Die verbrannte Erde hat das Blut aufgesaugt.

Die Spur wird breiter. Nach einigen Metern stehen die Kinder vor einem großen, krustenähnlichen Flecken, der sich wie ein dunkler Schatten auf der Erde ausgebreitet hat.

Sie bleiben sprachlos stehen, ziehen betroffen die Köpfe ein und stehen da mit hängenden Schultern.

»Das Kornfeld riecht nach Blut, das ist so unheimlich!«, und dann, ganz plötzlich, rennen beide wie auf Kommando blitzschnell los.

Raus aus dem dunklen Gang, hinein in die warme Sonne, zurück auf den Feldweg!

Dort hüpfen sie, plötzlich ganz übermütig, wie von einer Last befreit, laut den Weg entlang und singen:

»Rotz an Backe, Scheiß am Bein, hei, wie ist das Leben fein, Rotz an Backe Scheiß am Bein«, sie kichern.

Das Leben hat sie wieder, sie lassen das düstere Kornfeld mit seinem traurigen Geheimnis hinter sich. Sie drehen sich noch einmal um und erschrecken. Der Aufseher Ratzke steht am Rand des Feldes, droht ihnen und ruft: »Der Zugang zum Feld ist verboten! Haut ab, ihr verdammten Blagen!«

Max sieht auf das Feld, dann blickt er zu Elisa hinüber.

»So eine aufregende Kindheit hatte ich nicht.«

»Ich habe noch mehr: Heute zeige ich dir das Haus und den Backes, auch wenn wir durch ein Trümmerfeld schreiten müssen.«

»Elisa, hast du dein Handy dabei?«

»Ja, immer eingeschaltet.«

»Brinkhues hat uns geraten, dass wir hier immer erreichbar sein sollen.«

»Ja, es ist gut möglich, dass Ratzke uns beobachtet. Nachtigäller und Flaßkamp sind zuhause und Brinkhues und Kalthöner haben Bereitschaft. Wir sind also zunächst auf uns gestellt, aber ich habe mein Handfunkgerät noch im Rover. Das reicht.«

»Weiß ich doch. Komm, ich zeige dir erst die große Bauernküche«, sagt Elisa und zieht Max hinter sich her, durch eine Passage mit eingebrochenen Mauern. Dann wird sie sichtbar, die große Küche. Sie wirkt noch immer gediegen, mit ihrem riesigen Rauchfang, den Sprossenfenstern und einer dunklen, offen stehenden, mächtigen Eichentür, die zum verwüsteten Bauerngarten führt.

Elisa geht auf eine kleine Holztür mit geschwungenen Eisenbeschlägen zu, die im hinteren Teil der Küche liegt. Sie öffnet sie und hält sie für Max auf. »Du musst dich bücken, hier geht es über Steinstufen zur Milchkammer hinunter.«

»Ach, das Rattenloch! Hier mussten deine Brüder mit Stöcken Milch und Butter verteidigen, und das Ungeziefer vertreiben.«

»Genau. Du hast es behalten.« Elisa ist in ihrem Element. Ihr Mund steht nicht mehr still. »Hier war mein Schlafzimmerfenster. Schau mal, da habe ich, wenn im Winter Eisblumen dran waren, immer Motive hineingekratzt. Und da, über Eck, ist die Remise, und angrenzend sind die Stallungen. Vom Schlafzimmerfenster aus konnte ich das Quieken der Schweine hören. Im Sommer gab es hinter der Hecke eine große Wiese, mit Matschlöchern, nur für die Schweine. Dort konnten sie sich im Dreck suhlen.«

»Eure Schweine hatten es gut.«

»Ja, und die Würste schmeckten auch. Sie kamen nach dem Schlachten in den Rauchfang. Der ist im Backes«, begeistert zieht Elisa Max hinter sich her.

»Hier saß ich mal während der Apfelernte und machte mir die Mühe, die Äpfel zu sortieren«, erzählt sie. Da kam meine Schwester und schimpfte: »Mach mal ein bisschen voran!«

»Aber ich mach doch nur die Würmer raus, Anna!«, verteidigte ich mich, denn ich hatte mühselig versucht, mit einem Stöckchen alle Würmer aus den Äpfeln zu pulen. Die nun mit Makeln behafteten Früchte, das Fallobst, wurden von der Mutter in Scheiben geschnitten und auf großen Holzrosten hier im Backofen des Backes zu Backobst getrocknet. Auch zum Brotbacken wurde dieses Backhaus genutzt. Dafür musste der mächtig gemauerte Ofen durch ein prasselndes Feuer aufgeheizt werden.

»Was für eine spannende Kindheit du hattest«, sagt Max. »Mein Vater hatte eine Brauerei.«

»Du Glücklicher, du bekamst bestimmt schon Bier in der Babyflasche.«

»Nicht ganz, ich sollte Brauer werden, wollte aber lieber Jura studieren. So kam es zum Krach mit meinem Vater. Ich studierte, hielt mich mit Nebenjobs über Wasser, verliebte mich und heiratete früh. Das Geld reichte hinten und vorne nicht und da bewarb ich mich bei der Polizei als Seiteneinsteiger, als Kommissar-Anwärter. Die übrige Geschichte mit der Trennung und der Sorge für meine liebe Tochter Andrea kennst du.«

»Ja, seit unserem ersten Fall in Gelsenkirchen.«

Beide schweigen einen Moment und sehen sich im Backes um.

»Wenn das Backhaus mollig warm war, nach Brot oder getrocknetem Obst duftete und der Ofen bullerte, wirkte es gemütlich. An der Decke, sieh mal da oben«, sie zeigt an die Decke, »hängen Spinnweben wie Trauerflore. Die schmale Leiter dort führt zu einem kleinen Speicher mit einer Luke, der nur kriechend zu erreichen ist. Hier lagerte das gesammelte Anmachholz, die Reisige oder auch ›Buschen‹ genannt, sauber gebündelt, zum Feuer anmachen und manch alte Schätze und Geräte, die zum Spielen und Verstecken animierten.«

»Das kann ich mir gut vorstellen.«

»Nach dem Schlachten war der Rauchfang über dem Backofen voller Würste und Schinken, auf die mein Vater äußerst stolz war. Sie hatten den echten Rauchgeschmack und kamen nur sonntags auf den Tisch.« Sie schmiegt sich an ihn und ist glücklich.

Der Feuerteufel

Elisa lässt auch diese Erinnerung sacken. Sie sieht sich um, erschrickt bis ins Mark und ruft: »Max, da steht er, der Aufseher!«

»Jetzt redest du aber Unsinn. Der Aufseher Ratzke ruht in seinem Grab auf dem Friedhof, entspann dich.«

Er nimmt ihre Hand. Elisa sieht sich, auf das Haus zugehend, noch einmal um. Da verschwindet doch jemand im Backhaus? *Unsinn, ich glaube, ich bin einfach übermüdet.*

»Elisa, du hast gerade den Rauchgeschmack eurer Zervelatwürste und des Schinkens gelobt. Ich rieche aber etwas anderes, Rauch- oder ist es Benzingeruch?« Max schnuppert angespannt.

»Nein«, scherzt sie, vielleicht hast du ein neues Eau de Toilette … das Wort bleibt ihr in der Kehle stecken. Ein plötzlich auftretender Rauchdunst lässt sie husten. Ein Poltern auf dem Dachboden schreckt beide auf.

Max und Elisa starren nach oben.

Ein verstörendes Gesicht wird an der Luke sichtbar und eine heisere Stimme raunt: »Jetzt seid ihr dran!«

»Ratzke«, durchzuckt es Max. Er erblickt die Pistole in dessen Hand, die direkt auf Elisa gerichtet ist.

»Elisa!«, schreit er, stößt sie zur Seite. Ratzkes Schuss trifft einen Holzstoß, der krachend, einen staubigen Splitterhagel verbreitend, zusammenfällt.

Max nimmt seine Pistole aus dem Hosenbund und zielt auf die Öffnung im Dach. Ein Schuss fällt. Ratzkes Kopf verschwindet. Sekunden später erscheint Ratzkes Hand in der Luke, einen lichterloh brennenden Holzkeil haltend, der vom Speicher des Backes mit Wucht auf Elisas Schulter saust und Funken sprühend auf den Boden knallt.

Durch den Luftzug der offenen Tür des Backes entsteht ein Rauschen und Brausen. Flammen züngeln gierig an den Fachwerkbalken des historischen Baus, und unter dem Dach zeigt sich Ratzkes verzerrte, auf das Chaos starrende Fratze.

Elisa fällt in sich zusammen. Max gibt verzweifelt einen zweiten Schuss auf die Luke ab und bückt sich gleichzeitig schützend über Elisa, legt sekundenschnell seine Jacke über sie, dämmt damit das an der Schulter brennende Kleid, während er sie hastig ins Freie zieht, weit weg, hinaus aus dem Backhaus, das jetzt wie Zunder brennt.

Schreie vom Speicher des Backes. Eine brennende Gestalt springt mit ausgebreitenden Armen, einem exotischen Feuerteufel gleich, vom Dach, schwebt Funken sprühend durch den stahlblauen Sommerhimmel und knallt auf die Erde.

Das Schreien verstummt, als der brennende Feuervogel sich wimmernd im Gras wälzt, um die Flammen an seinem Körper zu löschen. Sein Feuer erlischt. Doch die Erde um Kevin Ratzke färbt sich blutrot.

Max, den Finger immer noch auf den Notfallknopf des Handys gepresst, hält Elisas Hand. Zart streicht er über ihr bleiches Gesicht und fühlt ihren Puls an der Halsschlagader, der viel zu schnell dahin galoppiert.

Sonderermittlerin Elisa Fuchs liegt bewusstlos auf der Wiese hinter dem Backes. Erbarmungslos bescheint die Mittagssonne das verheerende Geschehen.

Elisas geblümtes Kleid ist im Schulterbereich verbrannt. Schwarzer Ruß bildet einen erschreckenden Kontrast zu dem zarten Muster des Sommerkleides und der blutenden Kopfwunde.

Und die Haut unter dem Kleid? Ist sie auch verbrannt? Max zittert.

Er ist ergriffen und geschockt. Da gleiten seine Blicke zu dem Mann, der das Glücksgefühl dieses Sommertages zerstört hat.

In diesem Moment hasst er Kevin Ratzke. *Ich könnte ihn töten, wenn er nicht schon halbtot wäre,* denkt er zweifelnd für einen Moment. *Notwehr, natürlich. Dieser Mann hat uns tagelang gehetzt und nun mein Glück zerstört. Oder ist Ratzke schon tot?*, fragt er sich. Es ist ihm in diesen Minuten egal.

Da bewegt Ratzke sich.

Max greift zur Waffe, entsichert sie. Das leise Klacken scheint ihm jetzt viel zu laut. Seine Gedanken überschlagen sich. Er hebt die Waffe, richtet sie auf Ratzke. Es dauert nur Sekunden. Doch dann legt er seine Pistole, erschüttert über sich selbst, wieder aus der Hand.

Ich bin Polizeibeamter und sorge dafür, dass Recht geschieht. Ich mache mich nicht gemein mit Gesetzesbrechern, und in diesem Fall nicht mit einem, der schwer verletzt ist.

Max Teufel wendet sich angewidert von der Gestalt im Gras ab.

Ich muss jetzt für Elisa da sein.

Sekunden dehnen sich wie Stunden.

Endlich das erlösende Gellen der Sirenen aus der Ferne. Hilfe naht.

Es scheint ihm wie Musik. Krankenwagen, Feuerwehr, die blinkenden Lichter … da wird ihm flau. Die Welt verschwimmt in einem Funkenmeer vor seinen Augen, wird surreal.

»Rauchvergiftung«, konstatiert ein heraneilender Sanitäter.

»Das alte Backhaus ist zu einer heimtückischen Falle für die Ermittler Max und Elisa geworden. Doch der Fallensteller wurde durch einen unüberlegten Schachzug selbst ein Bauernopfer.«

Das urige Gebäude, das alte Backes, war vor Jahrzehnten, in einer anderen Zeit, voller Geheimnisse für Kinder und kindliche Fantasien. Hier hat Elisa mit Knickern und Bauklötzen gespielt, geträumt und ihre kranken Tiere, mal einen Hund, mal eine Henne, gesund gepflegt. Auch wenn sie sich vor dem Helfen beim Ernten drücken wollte, fand sie im Backes immer einen Unterschlupf.

Heute mutiert das Gemäuer zu einem verkohltem, unheimlichen Ort, weil ein Verbrechen geschah. Nicht zum ersten Mal.

Und wieder löst sich an einer anderen Stelle des Bauernhauses grauweißer Putz aus den Fugen der rot gebrannten, uralten Ziegelsteine und rieselt auf die verdorrte Erde. Wieder ist ein Teil des Anwesens gestorben, gehört zur Vergangenheit, bevor ihm anrollende Bagger in den nächsten Wochen den Todesstoß versetzen.

Der Einsatz

Der Notruf erreicht nicht nur die Feuerwahr-Einsatzzentrale in Ennigerloh, sondern auch die Leitstellen in Warendorf und Oelde.

Mehrere Feuerwehrwagen sichern den Brandort. Gefahr im Verzug! Funkenflug könnte auch die Remise und Scheunen entzünden.

Währenddessen werden die Verletzten mit Hilfe der Feuerwehr und der Sanitäter zügig aus der Gefahrenzone geholt.

Brinkhues Stellvertreter, Karl Kalthöner, ist vor Ort, und bald schon erreicht die Unglücksnachricht alle Kollegen des Remisen-Teams. An der Unglücksstelle angekommen, gehen sie der Spurensicherung und den Brandexperten zur Hand und bangen um ihre Kollegin Elisa Fuchs und um Max Teufel.

Der Brandstifter Ratzke ist schwer verletzt, die Hälfte seines Körpers hat Verbrennungen 2. und 3. Grades erlitten. »Ein Leben in der Schwebe«, sagt der behandelnde Notarzt, der in dem verbrannten Gewebe des Brandstifters kaum einen Infusionszugang legen kann.

»Eventuell können spätere Hauttransplantationen helfen, dass der Mann seine Arme und Beine wieder bewegen kann, wenn er überhaupt die Rauchvergiftung übersteht und den Flüssigkeitsmangel durch die verbrannte Haut überlebt.«

Schon rast der erste Krankenwagen mit Sirenengeheul durch den staubigen Feldweg, der nächsten Klinik zu.

Brinkhues geht zum zweiten Krankenwagen, in den gerade die Bahre mit der verletzten Elisa Fuchs geschoben wird.

Fragend schaut Brinkhues den behandelnden Arzt an.

»Ihre Kollegin ist in einem schweren Schockzustand. Das ist sehr gefährlich. Hinzu kommt die Rauchvergiftung. Außerdem scheint ein Schädel-Hirn-Trauma vorzuliegen.« Er schaut besorgt auf Elisas bleiches Gesicht und die verbrannten und blutverkrusteten Haare an der linken Kopfseite hinunter bis zum Hals.

»Die Brandverletzungen werden wahrscheinlich nach und nach verheilen ...«. Ein greller Sirenenton aus dem Notfall EKG zerstückelt die Sätze des Arztes.

Augenblicklich wird er sehr nervös und ruft den Sanitätern zu: »Kammerflimmern, reanimieren, Adrenalin! Wir verlieren die Patientin! Kreislaufstillstand!« Aus den Zacken auf dem Bildschirm wird eine gerade Linie ...

Arzt und Sanitäter arbeiten Hand in Hand. Wieder Bewegung auf dem Monitor! Vorübergehendes Aufatmen.

Max, abfahrbereit auf der Bahre eines, der inzwischen drei anwesenden Krankenwagen liegend, schreckt auf. Er hat alles, wie durch Watte, gehört.

Ruckartig steht er auf, läuft, unabhängig von seiner Infusion, auf Elisas Bahre zu.

Der Motor des Rettungswagens springt an.

»Ich fahre auf jeden Fall mit!«, schreit Max. »Ich verlasse Elisa nicht!«

Er springt, total außer sich, in den Rettungswagen, bevor sich die Tür schließt. »Ich bin wieder in Ordnung. Nehmen Sie mich bitte mit!«

»Dann lassen Sie sich wenigstens den Arm verbinden«, ruft ein Sanitäter. »Aus ihrer Infusionskanüle tropft es. Sie versauen hier alles mit Blut«, schimpft der Arzt dazwischen und schiebt Max zur Seite.

»Mann! Aus dem Weg! Das Leben ihrer Kollegin hängt am seidenen Faden.«

Endlich schließen sich die Türen und der zweite Notarztwagen braust los. Die Sirenen schießen grelle Blitze in den knallblauen Sommerhimmel. Noch weit hörbar ist der gellende Ton. Es geht um Leben und Tod.

Mit lautem Krachen fällt nach einer Stunde das Backhaus zusammen. Rot glühende Steine bleiben übrig. Brandnester züngeln auf und werden immer wieder von der Feuerwehr gelöscht.

Der Funkenflug hat auch das weiße Tatortzelt erreicht, das immer noch über der Todesgrube gespannt ist. Hier, in tiefer Erde, lag vor sechs Tagen noch ein Skelett. Die Kunststoff-Stelen der Tatortüberdachung schmelzen in der Hitze wie Butter und brechen nacheinander zusammen.

Fetzen des weißen Zeltes überlagern jetzt die, vor einer Woche gemachte grauenhafte Entdeckung. Der Wind deckt die Grube mit der dunklen Vergangenheit mit einem weißen Leichentuch zu. Es bedeckt das Geheimnis eines Mannes, der sich in eine Frau verliebte, die ihm nicht gehörte. Diese Liebe bezahlte er an diesem Ort mit seinem Leben.

Die Nacht der bangen Stunden

»Der Kommissar in Nummer 3 ist total überdreht. Er kann einem leidtun«, sagt Intensivschwester Lena zu ihrer Kollegin Astrid.

»Ich habe ihm gerade Blutdruck gemessen. Der ist viel zu niedrig.«

»Ich werde ihm eine neue Infusion anlegen, sonst bricht er uns neben dem Bett seiner Kollegin zusammen. Er will sich aber nicht hinlegen, sondern sitzt da und hält die ganze Zeit ihre Hand.«

»So einen treuen Freund möchte ich auch haben«, seufzt Schwester Astrid, und ihr fülliger Busen bebt.

Es ist Sonntag, der 22. August, kurz vor Mitternacht.

Die beiden Krankenschwestern haben Nachtschicht, betreuen die Verletzen, die am Nachmittag auf der Intensivstation der Unfallklinik der Universitätsklinik Münster aufgenommen wurden.

Auch für den angrenzenden Raum, in dem der lebensgefährlich verletzte Brandstifter Kevin Ratzke liegt, sind sie zuständig.

Als die Tür aufgeht, schreckt Max zusammen. Er ist, sitzend neben Elisas Bett, vor Erschöpfung kurz eingenickt.

Er schaut hoch, sein Gesicht ist aschfahl, und sein Kaiser-Wilhelm-Bart ist nicht so prick wie sonst.

»Sie bekommen eine Infusion, Herr Teufel. Verordnung vom Chef«, fügt sie gleich hinzu, weil sie mit Widerstand rechnet.

»In Ordnung«, sagt Max, »wenn ich hierbleiben kann …«

Er blickt auf die surrenden und piependen Geräte neben Elisas Bett, auf das EKG, den Pulsometer, den arteriellen Katheter, den Venenkatheter und die Blutdruck- und Sauerstoffanzeige. Allmählich kennt er sich aus und wacht mit klopfendem Herzen über jede Reaktion in Elisas Gesicht.

Es ist bleich und die Augen sind fest geschlossen. Ein weißer

Turban aus Mullbinden und Kompressen verdeckt Elisas Haarpracht, das heißt, was davon übrig geblieben ist, und eine Platzwunde, die genäht wurde. Vom linken Ohr bis zum Schulteransatz liegt leichte, kühlende Gaze.

»Eine Verbrennung 2. Grades, die eventuell ohne eine Hauttransplantation wieder langsam heilt«, verkündete der Arzt, »wenn keine Infektion hinzukommt.«

Max nickt.

»Das Schädel-Hirntrauma macht uns weitere Sorgen. Röntgenergebnisse weisen auf eine kleine Blutung im Gehirn, die zu erhöhtem Hirndruck führen kann, die wir mit Cortison eindämmen. Wenn ihre Kollegin weiterhin starke Schmerzen hat, denke ich an ein künstliches Koma … aber das muss nicht sein. Ich gehe davon aus, dass Ihre Freundin noch eine Weile hierbleiben muss. Ich habe den Eindruck, dass sie stark ist.«

»Ja, Elisa ist tough.«

»Legen Sie sich hin, damit Sie morgen wieder fit sind«, rät Schwester Lena und deutet auf das leere Nachbarbett.

Max nickt, folgt dem Rat und schläft, verfolgt von unruhigen Träumen, ein.

Schlagartig erwacht er, als ihm jemand auf die Schulter klopft. Es ist die Schwester, die für den Tagdienst verantwortlich ist.

»Herr Teufel, vor der Tür sind Angehörige Ihrer Freundin, Sohn und Tochter.

Sie können sich frisch machen und sich in unserer Cafeteria stärken. Besuch ist hier in den Räumen der Intensivstation nur für zwei Personen gestattet, und das auch nur kurz und in Ausnahmefällen. Tut mir leid.«

Max erhebt sich benommen. Streicht sich die Haare glatt und begegnet in der Tür Elisas Tochter Viola und ihrem Sohn Florian, die er nur von Bildern kennt, und nun zum ersten

Mal sieht.

Viola sieht verweint aus. Ihr Bruder hat einen Arm um sie gelegt.

»Danke, dass Sie sich um Mama gekümmert haben«, sagt Elisas Sohn. Er reicht Max die Hand. »Sie haben Mama das Leben gerettet, hörten wir.«

Max gibt beiden die Hand und vernimmt noch, dass Viola zu ihrem Bruder sagt: »Papa kommt morgen an. Er nimmt den nächsten Flieger.«

So ist das, denkt Max betroffen, *bin ich dann im Weg, wenn Constantin kommt? Elisa ist immer noch seine Frau.*

Gedanken versunken geht er, als er einen Kaffee getrunken und sich ein wenig frisch gemacht hat, zurück zur Intensivstation.

Ein gellendes Geräusch aus Zimmer 7, das neben Elisas Raum liegt, reißt ihn aus seinen Gedanken. Er erkennt durch die Glasscheibe eine mumienähnliche Gestalt, deren Bett von einem leichten, durchsichtigen Vorhang geschützt ist.

Gerade wird der Vorhang von einer Schwester und dem Arzt hektisch zur Seite geschoben. Das Intensivteam rollt mit einem Defibrillator heran. Max hört aus dem Raum das Kommando: »Wegtreten«, und geht betroffen weiter.

Und dem Mann wollte ich gestern noch den Todesschuss versetzen. Gut, dass ich dem Schicksal seinen Lauf gelassen habe.

Ein neuer Tag

Elisa erwacht aus einem Traum. Sie sieht die Decke des Krankenzimmers hell und klar über sich. Alles schwebt, ist für sie unerreichbar und leuchtend weiß. Alle Farben sind verschwunden. Allmählich sieht sie Umrisse von Personen, verschwommene Gesichter über sich. Sind es Ärzte, Schwestern? Auch das Gesicht von Max ist da, jedoch ganz weit weg. Warum kommt er nicht näher? Sie möchte nach ihm greifen, aber er gleitet ihr unter der Hand weg. Erschöpft schließt sie die Augen. Stimmen dringen zu ihr, gedämpft, wie durch Watte.

Erneut versucht sie die Augen zu öffnen, und da passiert das Wunder: Alles, was sie eben sah, oder ist es Stunden schon her, kommt immer näher und wird mit hellen Farben durchtränkt. Sie erkennt den Arzt, das Gesicht einer Schwester und das liebe Antlitz von Max. Sie hat furchtbare Kopfschmerzen, spürt den Piks einer Spritze und schläft wieder ein.

Max sitzt an Elisas Bett, als der Arzt hereinkommt.

»Herr Teufel, Ihre Kollegin ist fast außer Lebensgefahr. Wenn sich bis zum Nachmittag der Zustand weiter stabilisiert, einige neurologischen Tests überstanden sind und ein Kontrollröntgen des Schädels Besserung zeigt, wird Frau Fuchs gegen Abend von der Intensivstation auf eine normale Station der chirurgischen Abteilung verlegt.«

»Vielen Dank, Herr Dr. Papenberg.«

»Gern geschehen. Sie sind eine gute Stütze für die Patientin. Sie müssen sich auch noch schonen, Herr Teufel. Sie hatten immerhin einen Schock und eine Kohlenmonoxyd-Vergiftung. Durch Kaffee trinken werden sie nicht wieder fit. Nehmen sie tüchtig Flüssigkeit zu sich und gehen mal eine Stunde durch die frische Luft. Wir passen gut auf Frau Fuchs auf.«

»Danke.«

Max tritt auf den Flur. Zwei Krankenpfleger kommen ihm mit einem Bett entgegen. Es ist bis über das Gesicht des Patienten mit einem weißen Tuch bedeckt. Jemand ist gestorben. Die Umrisse eines Toten sind unter dem, mit scharfen Bügelkniffen versehenem Bettlaken zu erkennen.

Deutlich hörbar ist für ihn das Rollen der Bahre auf dem harten, mit grauem PVC belegten Krankenhausflur. Dann vernimmt er das Geräusch der sich öffnenden Aufzugtür, die beim Öffnen leise klickt, dann ein Surren. Der Biker hat es nicht geschafft. Es geht abwärts, ins Reich der Toten.

Max wirft einen Blick in Nummer 7, dem Raum neben Elisa, in dem der ›Feuerteufel‹ lag. Es ist leer. Der Wind bläst durch das offene Fenster, bläht die weißen Vorhänge auf und nimmt den Hauch des Todes mit in den strahlend blauen Sommerhimmel.

»Friede seiner Asche«, betet Max. Kevin Ratzke. Er hat sein kleines, kurzes Leben beendet. Hätte er den Brandanschlag nicht begangen, wäre er wegen versuchten Totschlags und bewaffneten Raubüberfalls einige Jahre ins Gefängnis gekommen. Danach wäre es möglich gewesen, einen neuen Anfang zu starten mit der Chance auf ein neues Leben. Doch anscheinend war er niemanden verbunden, außer den ›Wilden Panthern‹, doch für sie schien er nicht wild genug zu sein.

Was hätten wir tun können?, fragt Max sich und kommt zu keinem Ergebnis. *Wenn wir einen Fall lösen, wird es für uns als Erfolg verbucht. Doch schlimmstenfalls bezahlt jemand, der aus dem sozialen Gefüge gekippt ist, unseren Ermittlungserfolg mit dem Tod.*

Max tritt hinaus, geht durch den Park und freut sich an einer Laube mit Blumenrabatten, in der eine Mutter mit ihrem Kind spielt. Sein Gemütskater verflüchtigt sich im frischen Hauch des Sommerwindes.

Verstrickungen

Als Max durch die Schwingtür des Stationsgebäudes geht, kommt ihm ein Herr, braun gebrannt, in Business Kleidung, zuvor. An der Anmeldung fragt er: »Bitte die Zimmernummer von Frau Elisa Fuchs?«

»Oh, Intensivstation. Da muss ich erst Herrn Dr. Papenberg rufen.«

Das muss Constantin sein, denkt Max, setzt sich in die Besucherecke und wartet ab.

Dr. Papenberg nähert sich nach fünf Minuten mit wehendem Kittel.

»Ach, Sie sind der Ehemann von Frau Fuchs? Ja, ich dachte …«. Der Arzt wirkt verunsichert. »Hmm … Herr Hauptkommissar Teufel wäre … Nun ja, wir werden schon sehen.«

Der Arzt lächelt unsicher und äußert ein wenig unbeholfen: »Bisher wird Frau Fuchs gut betreut von einem Kollegen, der selbst verletzt wurde, er hat seine Kollegin aus dem Feuer gerettet ... Frau Fuchs, Entschuldigung, Ihre Frau, wird gerade in ein normales Stationszimmer verlegt. Wenn Sie einen Moment warten würden? Dann sehen wir uns auf Station A, Zimmer 50, wahrscheinlich bald wieder.«

Aufatmend und mit wehendem Kittel verschwindet Dr. Papenberg, ein Herrgott in Weiß, im Gewirr der Klinikgänge.

»Früher wäre das nicht passiert«, murmelt er. »Da hatten die Frauen einen Ehemann, und mit dem sprach man über den Zustand der Gattin. Wenn da noch einen Freund oder Geliebter existierte, dann aber nur unter dem Siegel der Verschwiegenheit.

Wenn Frau Fuchs getrennt lebt, überlegt er, *hätte ich Herrn Fuchs jetzt gar keine Auskünfte geben dürfen. Da soll noch einer durchblicken. Fuchs oder Teufel? Wer weiß das schon.«*

Resümee

Am Nachmittag des nächsten Tages, einem Dienstag, geht es Elisa besser. Sie ist wieder bei vollem Bewusstsein.

Max hat bei Brinkhues übernachtet. Er war morgens schon mit dem Team in Schlossberg. Dort beginnt das Team, das Einsatzbüro zu verlassen, ihr Equipment abzubauen und einzupacken.

Jetzt ist Max mit Brinkhues, Nachtigäller, Kalthöner und Flaßkamp, auf dem Weg in die Klinik.

Im Gasthof Beerenkötter hat Max inzwischen, auf Elisas Wunsch, ihre persönlichen Sachen in einen Koffer gepackt und mit ins Krankenhaus gebracht.

Man höre und staune, das ganze Team kommt zu einer kleinen Dienstbesprechung in Elisas Krankenzimmer zusammen. Dr. Papenberg hat es genehmigt, nur für ein ›Viertelstündchen‹, weil ihm sonst seine Patientin, ohne neuste Ermittlungsergebnisse, ›zu zappelig‹ würde.

Die Tür geht auf, und da stehen sie alle, ein wenig betreten und erschrocken darüber, wie blass und mitgenommen Elisa aussieht.

Sie aber lächelt, freut sich wirklich und sagt mit einem unverwüstlichen Grinsen im Gesicht: »Sehe ich nicht schon wieder passabel aus?«

Schweigen, nur ein aufmunterndes Lächeln der Kollegen, und ein »wird schon wieder«, Gemurmel.

Flaßkamp hat einen Strauß Sommerblumen in der Hand, hätte sich fast vor Verlegenheit darauf gesetzt, und öffnet den Mund.

Elisa denkt: *Er wird doch jetzt nicht ein Gedicht aufsagen wollen?*

»Gute Besserung vom ganzen Team. Aber wenn ich ehrlich

bin, sehen Sie ein wenig aus wie Aschenbrödel.«

Es ist raus, Flaßkamp wird knallrot, Brinkhues stößt ihn unfreundlich an, aber Elisa lächelt immer noch.

»Ja, danke, Tim. Du bist ehrlich. Weißt du, das hier ist jetzt nur meine Verkleidung. Wenn das alles weg ist, der Turban, die Infusion und die Verbände, kommt darunter wieder die echte Elisa zum Vorschein. Und wenn dann der Prinz kommt«, Max horcht auf, »werde ich wieder die alte Elisa.«

Sie schluckt, räuspert sich, und alle lachen.

»Jetzt raus mit der Sprache. Was gibt es für Neuigkeiten? Ich brenne darauf!«

»Brenne lieber nicht Elisa«, sagt Max.

»Du hast Recht, das war der falsche Ansatz.«

»Wir haben tatsächlich wunderbare Neuigkeiten«, verkündet Brinkhues. »Der Fall des toten Colonel scheint gelöst zu sein. Seine DNA-Untersuchung und der Vergleich mit der DNA deiner jüngsten Schwester Charlotte ergab eine neunundneunzigprozentige Übereinstimmung. Elisa, du hast einen Stiefvater und deine Schwester ist zur Hälfte ein Mitglied der Familie Vernon. Die Familie hat uns geschrieben und ist überaus dankbar und voller Anerkennung für unsere Polizeiarbeit.

Über die Mahagonibox mit dem Reiterzubehör haben sie sich sehr gefreut, zumal der Neffe des Colonels auch leidenschaftlich gerne reitet.«

»Nun zu meiner Schwester, weiß sie schon Bescheid?«

»Ja, Elisa, aber das sind nicht die einzigen Ergebnisse.«

»Welche Ergebnisse?«

»In der Ruine des alten Backes wurde der Karabiner K98, den der Aufseher Klaus Ratzke in seinem Vermächtnis dem Sohn vermachte, gefunden.«

»Auch die alte Walther PPK, mit der Kevin Ratzke auf euch im Backhaus geschossen hat, lag in der Asche. Leider sind beide Waffen jetzt unbrauchbar und Fingerabdrücke konnten wir auch nicht mehr nehmen«, mault Flaßkamp mit seiner hellen Jungenstimme.

»Unbrauchbar, das ist auch gut so«, kontert Elisa. »Beide Waffen haben nur Unheil angerichtet.«

»Ich fasse mal zusammen«, sagt Max und Brinkhues nickt ihm zu.

»Wir haben drei Verbrechen aufgeklärt: Den Mord aus angeblich gekränkter Ehre zum Nachteil des Colonels Geofferey Vernon, begangen mit dem alten Nachkriegskarabiner K98. Gekränkte Ehre allein, ist strafrechtlich gesehen, kein Mordmotiv. Dieser Mord ist hinterlistig und aus niederen Beweggründen begangen worden. Glauben wir dem ehrlichen Alwin Stöcker einfach, dass Ratzke zuletzt betrunken an der Hoftür herumlungerte, und mein Vater keine K89 hatte. Der Täter hat dem Opfer aufgelauert. Mord mit der Walther PPK, die 1947, in den Nachkriegswirren, Lina Stolze in einem Wald in Schlossberg das Leben kostete. Das sind die Verbrechen des Klaus Ratzke.«

»Sein Sohn, Kevin Ratzke«, fährt Kalthöner fort, »hat den Mordversuch an unserem Team am ersten Ermittlungstag auf dem Kerbholz. Zwei Schüsse am helllichten Tag auf unser Team waren keine Warnschüsse.«

»Und was ist mit dem Schuss im Backhaus auf Elisa und Max?«, fragt Flaßkamp.

»Wer mit einer Waffe in eine Menschengruppe zielt, begeht einen Mordversuch. Ein Schuss verfehlte Spusi Susi im Tatortzelt knapp. Weil niemand getötet wurde, ist es versuchter Totschlag. Der Mord wurde nicht ›vollendet‹ also gilt der § 212. Warnschuss wäre, in die Luft schießen. Ist aber auch nicht erlaubt.«

»Ebenfalls versuchter Totschlag in zwei Fällen, den Kevin Ratzke mit der alten Walther PPK Polizeiwaffe begangen hat.«

»Und was ist mit dem Tankstellenüberfall? Das ist doch bestimmt schwerer Raub«.

»Da magst du Recht haben, aber kreisch mir doch nicht immer so ins Ohr, Tim. Im Hinblick auf den Raub hast du auch Recht. Das Opfer, der Tankwart, liegt immer noch im Krankenhaus.«

»Hinzu kommt die schwere Körperverletzung durch das Werfen mit dem brennenden Kantholz auf mich. Da er mich töten wollte, wäre das ebenfalls …«

»Versuchter Totschlag«, fügt Kalthöner hinzu, nimmt seine Brille ab und putzt sie gründlich. »Hinzu kommt noch die Brandstiftung, Kollegen, und die Wilderei.«

»Es hagelt Verbrechen, vor allem Totschläge«, meint Flaßkamp kopfschüttelnd. »Da muss ich für meine erste Fachprüfung ja noch tüchtig pauken.«

»Das stimmt, Kleiner! ›Totschläge‹ sagt man nicht«, fügt Kalthöner hinzu. »Totschlag in mehreren Fällen«.

»Das reicht für heute, liebe Kollegen«, sagt Elisa und sieht plötzlich wie ein Häufchen Elend aus. »Wir haben das Verbrechen, an das ich mich aus meiner Kindheit erinnere, den Tod im Kornfeld nicht beachtet.«

»Der Fall wurde damals bestimmt untersucht. Davon gehen wir aus. Das Geschehen deutet auf einen miesen Charakter hin, lässt sich aber nicht mehr beweisen.«

»Resümee«, folgert Brinkhues, »wir waren fleißig und erfolgreich. Leider sind unsere Klienten schon tot. Erfreulich: Elisas Schwester hat jetzt einen neuen Vater. Das ist doch auch schon etwas Besonderes!«

Elisa freut sich über die Nachricht, und dass ihre Erinnerung sie nicht getrogen hat.

Das alte Backhaus ist zu einer heimtückischen Falle für die Ermittler Max und Elisa geworden. Doch der Fallensteller wurde durch einen unüberlegten Schachzug selbst ein Opfer.

»Kollegen, in anderen Fällen stellen wir stets immer den Tathergang nach. Hier geht es zunächst um Mord an dem englischen Colonel Geofferey Vernon. Unsere Tatorte sind verwüstet, verbrannt, ausgelöscht. Für den endgültigen Bericht an die Staatsanwaltschaft ist der Tathergang sehr wichtig. Stellen wir ihn zusammen.«

Mühsam richte Elisa sich auf, ein bleiches Gesicht mit einem weißen Kopfturban.

Die Tat

Samstag, der 13. September 1952. Eine stürmische Gewitternacht auf dem Hof ›Drei Eichen‹. Eine Party, schnulzige Zara Leander Klänge aus dem Nachkriegsradio und Branntwein, der in Strömen fließt. Streit liegt in der Luft, zwischen Colonel Geofferey Vernon und dem Aufseher Klaus Ratzke. Torkelnde Gäste verabschieden sich lieber von diesem Ort.

Der Colonel hat nach einem Wortwechsel dem Aufseher den Rücken gekehrt und ihn links liegen gelassen. Gerade kommt er aus dem Stall, hat sich von seinem Reitpferd Angel verabschiedet. Nun tritt er hinaus in den strömenden Regen, zündet sich nervös eine Lucky Strike an und ruft dem Stallburschen, der sich verabschiedet, noch etwas zu. Er deutet dabei auf die Remise. Jetzt sind nur noch der Aufseher Klaus Ratzke, der ebenfalls rauchend im Toreingang des Hofes steht, und der Colonel auf dem Hof.

Ratzke lässt den Colonel, ›eingebildeter Pinkel‹ murmelnd, nicht aus den Augen.

Da geht das Stalllicht an, wirft helle Kreise auf das Kopfsteinpflaster. Glasscherben glitzern auf im Hagelschauer und fliegen in einer Sturmböe in die Ritzen des Pflasters.

Der Colonel sucht Schutz unter einer Dachgaube. Verwalter Otto Degenhardt tritt auf den Hof. Ratzke verschwindet wieder im Dunkeln. Degenhardt darf ihn hier nicht erwischen. Der Verwalter nickt dem Colonel freundlich zu und schüttelt ihm zum Abschied die Hand. »Gute Nacht«

»Good night, Mr. Degenhardt.«

Die Stalltür schießt sich.

Jetzt holt der Colonel eine Taschenlampe aus seiner Jackentasche, knipst sie an und verschwindet in der Remise. Zu hören ist das ›Klack‹ des Kastenschlosses. Ratzke schleicht über den Hof und trommelt mit den Fäusten gegen die Remisentür.

»Go away, leave me alone!«, ruft der Colonel und ordnet seine Pferdebox. Ein Prachtstück aus Mahagoni mit den Initialen aus glänzendem Messing, G. V. auf dem Deckel. Er hebt sie auf. Das Schreien und Poltern vor der Tür wird lauter. Ein rostiger Riegel des Schlosses löst sich und mit einer Windbö fliegt die Tür auf. Donnernd schlägt sie an den Türpfosten. Der Aufseher stürzt herein und knallt die Tür zu. Er ist außer sich, Hass glitzert in seinen Augen. Er schimpft und schreit, doch der Colonel versteht kaum ein Wort und bleibt cool. Ratzke stürzt sich voller Wut auf ihn.

»Don't touch me, you dishonorable man«, ruft der Colonel eisig, hebt die Box auf und will die Remise verlassen. Da fühlt er den kalten Druck einer Waffe an seiner Schläfe.

Der schneidende, harte Laut des Schusses geht in einem lauten Donnerschlag unter. Der Colonel fällt zusammen, ertrinkt in seinem Blut. Stille. Ratzke schließt einen Schlauch an den Wasserhahn der Remise. Blut vermischt sich quirlend mit dem Wasser, das sich rosa färbt. Die Erde weicht auf. Ratzke nimmt einen Spaten von der Wand und gräbt. Im angrenzenden Wohnbereich des Hofes wälzt sich Elisa, unruhig hin und her.

Plötzlich stößt Ratzke mit dem Spaten auf Holz. Eine Klappe löst sich aus ihren Angeln. Mörder und Opfer fallen in eine Grube, von der bisher niemand etwas wusste.

Fluchend kriecht der Mörder aus der tückischen Falle und verschließt mühevoll die Grube in den letzten Stunden dieser Gewitternacht.

Es klopft. Das Team schreckt auf. Die Chefarzt-Visite naht.

»Ich möchte Sie alle bitten, ohne Ausnahme, den Tatort zu räumen«, sagt Dr. Papenberg streng. »Den Fall Elisa Fuchs lösen mein Team und ich.«

Herzkasper

Jedes Mal, wenn Elisa aus kurzem, unruhigem Schlummer erwacht, nimmt sie ihre Umgebung unterschiedlich wahr. Im Traum holen sie immer wieder die furchtbaren Eindrücke des brennenden Backhauses ein. Ein Trauma, das sich im Herzen festgekrallt hat. Das Feuer an ihrem Hals, die Todesangst, die Fratze Ratzkes! Der brennende, schreiende Kevin Ratzke auf dem Rasen vor der Remise.

Im Traum erinnert sie sich an eine Nacht ihrer Kindheit, und an den Morgen danach, als sie die erste Brandleiche ihres Lebens sah.

Erneut tobte in dem Jahr ein fürchterliches Gewitter. Die Brandsirenen zerrissen die Nacht und die Menschen aus dem Schlaf.

Morgens kam ihr Spielkamerad Theoken angerannt und schrie schon von weitem: »Komm mal mit, Elisa, ich zeig dir was.«

Er war ungekämmt und über seinem Mund hatte er einen braunen Rübenkrautbart. Er stürmte mit ihr los, zu einem Hof in seiner Nachbarschaft. Es schien eilig zu sein.

Angekommen stand sie, Hand in Hand mit Theoken, vor einem verschmorten Körper, der sich durch das nächtliche Feuer total verbogen hatte.

»Wie ein Flitzebogen sieht der aus«, flüsterte Theoken ihr zu, als ein Polizist um die Ecke kam und sie laut schimpfend wegjagte mit den Worten:

»Das ist nicht für Kinder. Ab mit euch Blagen!«

Verstohlen hatten sie sich getrollt und hinter der verkohlten Scheune versteckt, um den erregten Diskussionen der Erwachsenen zu horchen.

»Da muss einer nachts, Schutz suchend vor dem Gewitter, in meine Scheune gekrochen sein, bis auf den Speicher … Wahrscheinlich ein Obdachloser.«

»Oder ein Besoffener«, meinte sein Nachbar.

»Als dann das Gewitter kam, und der Blitz einschlug, konnte er sich nicht mehr vom Speicher retten, der arme Kerl.«

»Aber dat ganze Heu is hin, verflixt nochmal. Womit soll ich die Kühe füttern?«

»Du bist doch versichert, August, und die arme, Kreatur, er zeigt auf den verschmorten Leib, hatte keinen, der ihm aus der Falle half.«

»Muss fürchterlich sein, bei lebendigem Leib zu verbrennen.«

Elisa wacht auf. Sie schreit, erwacht aus dem bösen Traum. Zögernd, voller Angst, öffnet sie die Augen. *Sind es wieder die Flammen, die ich sehen werde, die ungeheure Hitze, die mich umfing, oder ist es nur das ächzende Geräusch des Beatmungsgerätes und das Klappern von Instrumenten?*

Ganz vorsichtig bewegt sie ihre Augenlider. *Was erwartet mich dieses Mal?*

Wärme. Ein Sonnenstrahl verfängt sich im Fensterglas und berührt sanft ihr Gesicht. Vor dem Fenster wiegen sich die belaubten Zweige einer Eiche im Wind. Aus dem Park und dem angrenzenden Spielplatz vernimmt sie fröhliche Kinderstimmen.

Sie traut sich, dreht den Kopf bis zur Schmerzgrenze, schaut sich um und ist erstaunt.

Wie weggeblasen sind die Geräusche der Intensivstation, die Gerüche, der Angstschweiß und das Flüstern der Schwestern hinter ihren weißen OP-Masken.

Es ist absolut still. Sie liegt allein in einem Krankenzimmer. An der gegenüberliegenden Wand hängt ein Kreuz. Darunter ein Blumenaquarell. Auf einem Tisch steht eine Wasserflasche und einer Schale, gefüllt mit Mullkompressen. Kein böses Erwachen. Sterile Frische. Sie atmet tief durch.

Links neben ihrem Bett steht ein Infusionsständer, und aus der Flasche tropft langsam eine glasklare Flüssigkeit in den Schlauch, der mit ihrem Arm verbunden ist. Plop, plop, plop, sechzig Mal in der Minute. Sie zählt und entdeckt neben dem Bett einen leeren Stuhl. *Ob Max darauf gesessen hat?*

Erneut fällt sie in einen Schlaf, der sie dieses Mal erfrischt. Sie ist in einem anderen Zimmer und wird von einer Welle Zuversicht erfüllt.

Es klopft. Sie möchte ›herein‹ rufen, doch sie bringt nur ein kurzes Krächzen zustande. Der bereits entfernte Beatmungsschlauch hat Spuren in der Luftröhre hinterlassen.

Die Tür geht auf, und für einen Moment stolpert ihr Herz.

»Constantin, was …« Es verschlägt ihr die Stimme.

»Die Kinder haben mir Bescheid gegeben, und da habe ich sofort den nächsten Flug gebucht.«

»Aber wir hatten doch«, sie weiß nicht, was sie sagen soll. Sie stottert, ihre Stimme strauchelt, ihr fehlt die Luft zum Atmen. Sie freut sich, merkt aber, dass sich in ihr ein großer Druck aufbaut, dem sie jetzt nicht gewachsen ist.

»Elisa, der Beruf ist viel zu gefährlich. Komm mit mir nach Südamerika, nur für eine Weile.«

»Südamerika, gut gemeint«, sie atmet schwer. »Aber ich kann jetzt nicht diskutieren, ich kann einfach nicht Constantin, ich …«

Ein monotoner Piep-Ton kommt aus dem EKG-Gerät neben Elisas Bett.

»Reg dich nicht auf, Liebling, ich wollte doch nur ...« Er streichelt sanft über ihre Stirn.

Die Tür springt auf. »Was ist passiert?«, fragt die Schwester streng und beugt sich über Elisa, deren Augen geschlossen sind.

Dann schaut sie Constantin prüfend an: »Haben Sie die Patientin aufgeregt?«

»Nein, ich bin doch ihr Mann!«

»Nun, das reicht manchmal schon für einen Herzkasper. Es ist besser, wenn Sie sich vorher anmelden. Ihre Frau hat das Trauma noch längst nicht überstanden, ist noch nicht über dem Berg.

Irgendetwas hat die Patientin aufgeregt. Ich werde ihr eine Spritze in die Infusion geben, damit sie wieder einschläft.«

»Ich gehe ja schon«, sagt Constantin und lässt die Schultern seines Maßanzuges hängen. »Konnte ja nicht ahnen, dass es so schlimm ist.«

Er geht den langen, weißen Flur entlang, und irgendwie tut er der Schwester leid.

»Herr Fuchs, Sie sind ja völlig fertig! Verstehe. Darf ich Sie ins Stationszimmer bitten und Sie zu einem Kaffee einladen?«

Constantin schaut Schwester Brigitte an, sieht in ein junges, hübsches Gesicht mit einem bezaubernden Lächeln und sagt: »Gerne, warum nicht, Schwester Brigitte.«

Is she a Lady?

Herbst 2004.
Elisa sitzt mit ihren Kindern, Viola und Florian, deren Ehepartnern, und mit Max und Enkelkind Robertchen im Garten. Schon färben sich die Blätter der Kastanie, die das Haus im Bergischen Land zu beschirmen scheint, goldbraun.
Es ist fast ein Familientreffen, denn Max Tochter Andrea ist aus London, von einem Aufenthalt bei ihrer Mutter, zurückgekehrt.
Constantin ist wieder nach Südamerika zurückgeflogen.

Elisa hat aus der Not eine Tugend gemacht. Wegen der verbrannten Haare der linken Kopfseite trägt sie eine kecke Kurzhaarfrisur, die ihr gut steht.
»Du siehst aus wie ein Pariser Lausbub«, sagt Max spontan.
»Ich weiß nicht, wie ein Pariser Lausbub aussieht.«
»Dann müssen wir dahin fahren.«
»Darf ich mitkommen?«, fragt Robertchen.
»Das wär bestimmt langweilig für dich. Nur Häuser, Museen und viele, viele Leute die eine andere Sprache sprechen. Als Ersatz für dich gehen wir alle morgen zusammen in den Kölner Zoo.«
»Ja«, jubelt der Kleine und setzt sich mit Vergnügen in sein geliebtes Schaukelpferd.

Es klingelt. Elisa geht zur Tür, drückt auf den Türöffner. Sie kann den linken Arm nur unter Schmerzen heben. Eine Hautverpflanzung am Oberarm ist gut verheilt, aber kleine Narben werden noch lange Zeit an das brennende Backhaus erinnern.
Elisas ist überrascht und freut sich. Ihre jüngste Schwester Charlotte steht vor der Tür.
»Hallo Schwesterherz«, sagt Charlotte, »stell dir vor, die Familie Vernon hat mit mir Verbindung aufgenommen und

rate mal, wie die Dame sich genannt hat, es war nämlich zunächst nur eine Hausdame am Telefon, die gesagt hat …«, sprudelt es ohne Wenn und Aber aus Charlottes Mund.

»Moment mal, nicht so schnell, Charlotte. Was hat die Hausdame denn gesagt?«

»Ja, was denn, Tante?«, fragt auch Robertchen, neugierig geworden. Er kommt nämlich nur näher, um in Tante Charlottes Tasche nach Schokolade zu fahnden.

»Sie hat gesagt: Lady Rachel Vernon-Harper, wird sich mit mir in Verbindung setzen.« Erwartungsvoll schaut Charlotte ihre Schwester an.

»Bist du eine Lady, Tante Charlotte?«, fragt Elisas Tochter Viola, die gelauscht hat und näher tritt. Sie sperrt ihren Mund weit auf und singt: »She's a lady isn't she?«

»Lady, Lady, was ist das?«, fragt Robertchen. »Gibt es die im Zoo?«

Alle Anwesenden lachen.

»Nun macht mal halblang«, gibt Elisa zu bedenken, »das alles bedeutet gar nichts. Der Titel wird nur vererbt, wenn ein Landsitz damit verbunden ist.«

»Ach Elisa, du bist so nüchtern. Vielleicht ist auch ein Landsitz dabei«, schwärmt Charlotte. »Aber du wirst es bestimmt herausfinden.«

»Ich habe gerne an dem Fall gearbeitet, auch Narben davon getragen. Ich freue mich für dich über das Vaterschaftsergebnis und wünsche dir alles Gute, wenn du England besuchst. Lieber wäre mir gewesen, du hättest den Colonel kennengelernt. Ich habe ihn gesehen. Er war freundlich und hat mir Schokolade geschenkt und mich Prinzessin Elisabeth genannt. Hier ist sein Foto. Behalte es in Ehren.«

Elisa gibt ihrer Halbschwester das vergilbte Foto des Colonels, das eine Woche lang die Einsatzzentrale in Schlossberg schmückte. Elisa hat es für ihre Schwester rahmen lassen.

»Ich wende mich nun ganz neuen Taten zu.«
»Ja? Zu neuen Taten, liebe Schwester?«
»Ich verreise mit Max.«
Paris, denkt Elisa und blickt auf das Bild, das sie an dem Tag gemalt hat, als Constantin die Tür hinter sich schloss. Das Gemälde mit dem Titel ›*Das Gesicht der Farben*‹. *Ich werde es in Gedanken mit auf die Reise nehmen. Es hat sich nicht verändert, aber ich. Ich war dem Tod so nah, zu nah. Es ist wieder an der Zeit, mich zu besinnen, zu malen. Paris mit seinen Museen und Künsten wird für mich eine ganz besondere Erfahrung sein.*

»Wohin verreist ihr denn?«, fragt Charlotte, ein wenig ungeduldig, auf Antwort wartend.
Elisa taucht aus ihren Gedanken auf und es scheint so, als ob die Stimme ihrer Schwester aus weiter Ferne kommt.
»Nach Paris, liebe Schwester. Vielleicht laufen uns da ein paar Pariser Lausbuben über den Weg.«

Epilog

200 Kilometer entfernt fahren anrollende Bagger auf das alte Bauerngehöft zu, versetzen ihm den Todesstoß.

Und wieder löst sich grauweißer Putz aus den Fugen der rot gebrannten, uralten Ziegelsteine und rieselt auf die verdorrte Erde.

Das alte Haus ist Vergangenheit. Es hat zahlreiche Kriege und Unruhen erlebt und hat vielen Generation Schutz hinter seinen dicken Fachwerkmauern gewährt.

Freudige und dramatische Ereignisse haben sich im Innern abgespielt. Menschen wurden geboren, andere verscharrt oder mit der Bahre herausgetragen.

Einige Geheimnisse nimmt das Haus mit in sein Grab. Sie sind erst gelöscht, wenn der letzte Schutthaufen beseitigt ist und wieder frisches Gras aus dem Boden sprießt, eine neue Zeit beginnt. Das Haus, in dem Elisa aufwuchs, lebt nur noch in der Erinnerung der Menschen, für die es eine Heimat war.

Ruhrkrimi-Verlag

Uwe Wittenfeld, Mülheim an der Ruhr